Michael Feierabend
Ljudmila Feierabend-Perednewa

BAIKAL

B A I

INHALT

MEIN BAIKAL

Sieben Jahre lang lebte ich in der Jugend am Ufer vom Baikal in einem kleinen gemütlichen Häuschen, alle drei Fenster gingen zum Meer. Tag und Nacht konnte ich den Baikal hören und sehen. Ich bewunderte ihn, war stolz auf meine Nähe zu ihm, erkannte immer seine Macht an. Wir Menschen vom Baikal nennen den Baikal nicht »See« – er ist ein Meer, wasserreich, gefährlich und mächtig. Manchmal wollte ich mit ihm allein sein. Dann überquerte ich die Eisenbahnlinie und lief ein paar Kilometer, weg von den menschlichen Siedlungen. Ich ging dann immer zu meinen Lieblingsplätzen, wo man mich von der Straße aus nicht bemerken konnte, und stieg de Abhang zum Wasser hinunter. »Hier bin ich wieder« – sprach ich leise, und setzte mich auf den steinernen Teppich. Das Meer plätschert sanft, das Wasser spielt mit dem Ufer. Von Zeit zu Zeit, irgendwo aus der Tiefe, atmet es. Dann kräuseln sich die Wellen. Ich lese darin den Gruß des Baikal. Manchmal schickt er mir eine Robbe vorbei. Sie taucht vor mir auf, ich halte vor Begeisterung den Atem an, und sie betrachtet mich. Überlegt sie, ob ich ein lebendes Wesen bin oder nicht? Sie verschwindet wieder im Wasser, taucht an einer anderen Stelle auf, fängt an zu spielen, mal versteckt, mal mit einem hohen Sprung. Ich halte es nicht mehr, applaudiere, so wie wenn sich im Konzertsaal ein das Publikum zum Beifall erhebt. Das Wasser schäumt auf, die Robbe verschwindet. Wie jedes Mal steige ich den Abhang wieder hinauf, überquere den Weg und setze mich auf einen umgestürzten Baum in die Sonne. Weit schwebt mein Blick über den Baikal.

Ich war viel am Baikal unterwegs. Nicht nur einmal erwischten mich heftige Stürme, sodass ich um mein Leben betete, aber niemals hatte ich wirklich Angst. Insgeheim glaube ich, dass der Baikal wachsam ist, dass in seinem Reich die Menschen vermerkt sind, die ihn schützen und die er deshalb nicht zugrunde gehen lässt.

Ich kenne nicht nur den sommerlichen, sondern auch den winterlichen Baikal, Tage und Nächte saß ich vor dem Eisloch beim Eisangeln. Ich kenne seinen Norden und Süden, Osten und Westen, habe alle seine Inseln besucht und war sogar mit dem Forschungs-U-Boot am 600 Meter tiefen Grund. Mit eigenen Augen habe ich gesehen, wie mächtig und besiedelt seine dunklen Tiefen sind.

Wenn ich längere Zeit nicht am Baikal sein kann, werde ich, krank. Als ob die Kräfte entfliehen, als ob der Ursprung der Frische und Energie nicht genug heilsame Luft bekommt Wenn ich dann wieder am Baikal bin, an seinem Ufer sitze, stellt sich mein Atem wieder auf seine Wellen ein und meine Gedanken richten sich nach seinen Stimmen und Eingebungen. Dann bin ich wieder wach und zu allen Prüfungen des Lebens bereit.

Valentin Rasputin, *Schriftsteller*

DAS HEILIGE MEER

Sibirien weckt bei vielen nicht unbedingt positive Assoziationen: einsame Weite, raues Klima, Ort der Verbannung. Die ungeheure Vielfalt der Landschaftsformen und die in weiten Teilen noch ursprüngliche Natur sind hingegen Eigenschaften, die allenfalls denen bewusst sind, die im Geografieunterricht gut aufgepasst haben.

Eine der faszinierendsten Regionen Sibiriens ist der Süden, in dessen Zentrum der Baikalsee liegt. Egal welchen Maßstab man anlegt, dieser See ist in jeder Hinsicht gewaltig. Inmitten der dünn besiedelten sibirischen Landmasse ist er das »blaue Auge« – ein Süßwassermeer im Herzen eines Kontinents. Seen, zumal dieser Dimension, sind überall auf der Erde Kristallisationspunkte – für die Flora und Fauna ebenso wie für menschliche Kulturen. Das ist am Baikal nicht anders. Im Umfeld des Sees befinden sich vor atemberaubender Kulisse uralte heilige Stätten, an denen Schamanen bis in heutige Zeit ihre überlieferten Riten feiern. Irkutsk, die bedeutendste Stadt der Region, bietet mit ihrem quirligen Markt, den historischen Stadtvierteln, Ausstellungen und Museen eine für manchen Besucher aus dem Westen sicher überraschende kulturelle Vielfalt. All das zeigt dieser Bildband. Die sehr persönlich gehaltenen Texte von Ljudmila Feierabend-Perednewa, die am Baikal geboren und aufgewachsen ist, ergänzen die Bilder ihres Mannes Michael um Gefühle, Eindrücke und Erfahrungen, die sich mit der Kamera nicht festhalten lassen.

Für mich als Biologen allerdings ist es verständlicherweise der Naturraum, die Tiere und Pflanzen im und am See, die mich staunen lassen. 25 Millionen Jahre alt ist der Baikal – eine lange Zeitspanne, die ausreichte, um zahlreiche an die besonderen Bedingungen dieses Lebensraums angepasste Arten hervorzubringen, die es nur hier und sonst nirgends auf der Welt gibt. Viele dieser endemischen Arten allerdings wird der an den Ufern umherstreifende Besucher kaum zu Gesicht bekommen. Sie leben im Wasser. Krebse, Schnecken, Fische, Algen, meterhohe leuchtend grüne Süßwasserschwämme und sogar Robben erfüllen eine abwechslungsreiche Unterwasserlandschaft mit Leben. Wer diesen so bedeutenden Aspekt des Lebensraums Baikal erkunden möchte, muss, wie Michael Feierabend das seit Jahren tut, buchstäblich eintauchen in diesen tiefsten See der Erde. Im glasklaren, meist sehr kalten Wasser offenbart sich dem Taucher das, was den Baikal aus naturkundlicher Sicht so außergewöhnlich macht. Michael Feierabend schildert sein Erleben unter Wasser und zeigt uns mit seinen Bildern ein bedeutendes, vielen gleichwohl unbekanntes und fremdartig anmutendes Gesicht des großen Sees im sibirischen Süden.

Die Bilder über und unter Wasser, die von persönlichem Erleben und Liebe zur Region geprägten Texte vermitteln mehr noch als nüchterne naturwissenschaftliche oder kulturhistorische Beschreibungen, was den See und seine Umgebung ausmacht. Ich hatte nach der Lektüre das intensive Gefühl, schon einmal da gewesen zu sein.

Dr. Hans-Peter Schaub, *Chefredaktion Naturfoto*

BAIKAL –
DER SEE DER SUPERLATIVE

Im südlichen Sibirien, nur 200 Kilometer von der nördlichen Grenze zur Mongolei entfernt, wurde vor über 25 Millionen Jahren für den Baikal eine gewaltige geografische Furche geschaffen. Die beiden aneinandergrenzenden tektonischen Platten haben sich so bewegt, dass ein über 630 Kilometer langes Becken entstand. Besonders auf der Westseite fallen die Ufer steil terrassenförmig in die Tiefe. Die tiefste Stelle ist mit 1637 Meter erreicht. Bis in diese große Tiefe ist das Wasser des Sees reich an Sauerstoff. Der lang gezogene Baikal ist ein Graben, dessen Grund bis heute aktiv ist. Der Grabenriss geht in der Tiefe noch mehrere Tausend Meter weiter. Jährlich entfernen sich die beiden Ufer des Baikal 2 Zentimeter weiter voneinander. Die vulkanische Restaktivität ist auch an den zahlreichen heißen Quellen zu erkennen. Viele sind als Heilquellen sehr bekannt und begehrt. Das nördliche Baikalgebiet wird beidseitig von hohen Gebirgsketten flankiert, deren schneebedeckte Bergspitzen bis zu 2600 Meter erreichen.

Über 330 Flüsse und Bäche fließen aus den umliegenden Wäldern und Bergen in den See. Die Selenga entspringt im Nordwesten der Mongolei. Im Norden bringen die Flüsse Angara und Bargusin ihr Wasser aus den Hochländern Transbaikaliens. Als einziger Zufluss fließt die Angara durch den Baikal hindurch und verlässt ihn erst in Port Baikal wieder. Hier in Listvjanka fließen pro Sekunde 2000 Kubikmeter Wasser ab. Die Abgeschiedenheit des großen Wasserbeckens führte zur Ausbildung einer einzigartigen Tier- und Pflanzenwelt mit einem Anteil von über 70 % endemischer Arten. Die berühmtesten Vertreter sind die Baikalrobben und die Golomjanka. Diese lebt in großen Tiefen und kommt manchmal nachts in das Oberflächenwasser. Von den 84 bekannten Schneckenarten sind allein 54 als endemisch registriert. »Hängende Schnecken«leben an den Überhängen in 10 bis 20 Tiefe. Auf den Plateaus wachsen Süßwasserschwämme in den verschiedensten Röhrenformen. Teilweise sind die Verästelungen bis 1,5 Meter hoch. Auch am Boden herrscht reges Treiben. Auf den moosbedeckten Steinen sind Schnecken, Köcherfliegenlarven und Krebse zu beobachten. Gut getarnt zwischen den Verästelungen der Schwämme oder farblich angepasst auf den Steinen finden sich die kleinen Groppen. Sie sind standorttreue Grundfische, die in verschiedenen Farben vorkommen. Der bekannteste und wohlschmeckendste Fisch des Baikal ist der Omul. Die Omulschwärme bewegen sich im Freiwasser in 200 bis 500 Metern Tiefe. Nur nachts sind die forellengroßen Omule an der Oberfläche anzutreffen. Auch Zig und Harius, begehrte Angelfische, sind in Schwärmen unterwegs. Überall trifft man auf Krebse in verschiedenen Größen. Im Baikal kommen mehr als 200 Krebsarten vor. Die kleinen Arten leben bevorzugt im flachen Wasser. In Tiefen von 25 bis 1350 Meter hat ein ca. acht Zentimeter großer Krebs seinen Lebensraum. Mit seinem markanten Rückenpanzer sieht er den Krebsen aus arktischen Regionen ähnlich. Einem winzigen backenbärtigen Krebstier, der Epischura, verdankt der Baikal seine unvergleichliche Klarheit. Diese Ruderfußkrebse verschlingen Algen und Bakterien und sind das entscheidende Filtersystem des Baikal.

BAIKAL–
LEGENDE UND MYSTERIUM

Baikal, der Geist des Sees, hatte 337 Töchter. Eine aber, Angara, liebte er mehr als alle anderen. In seinen Augen war sie die Schönste und Klügste. Angara war wählerisch. Keiner ihrer Verehrer konnte ihr gefallen, bis eines Tages der Held Jenissej in Baikals Haus kam. Sofort verliebten sich die beiden, aber sie waren klug und hielten ihre Liebe geheim. Als Jenissej abreisen musste, ohne mit Baikal über seine Liebe sprechen zu können, schenkte er Angara zum Abschied einen herrlichen weißen Vogel. Wenig später kam Irkut ins Haus, ein Prinz. Er hatte von der Schönheit Angaras gehört und hielt ohne zu zögern um ihre Hand an. Baikal war sofort einverstanden. Irkut kehrte glücklich zu seiner Familie zurück, um alle Vorbereitungen für seine baldige Vermählung mit Angara zu treffen. Aber Angara wollte um keinen Preis Irkuts Frau werden. In ihrer Not sandte sie den weißen Vogel mit einer Botschaft zu dem Geliebten, aber es kam lange Zeit keine Antwort. Als die Hochzeit immer näher rückte, wusste sie sich nicht mehr zu helfen. Sie stahl ein Pferd und floh aus ihres Vaters Haus. Als dieser ihre Flucht bemerkte, schäumte er vor Wut und warf einen riesigen Felsen nach ihr. Aber er verfehlte sein Ziel. Irkut und sein Bruder nahmen sich Pferde und ritten in rasendem Galopp Angara nach. Aber beide Pferde stürzten und so konnte Angara ihren Geliebten erreichen. Sie heirateten und Angara kehrte nie wieder in ihre Heimat zurück. 337 Flüsse fließen in den Baikal, aber nur die Angara verlässt ihn wieder und vereinigt sich weit fort mit dem Fluss Jenissej zu einem der größten Ströme Sibiriens.

Beim Überqueren des Baikal von der Insel Olchon zu den gegenüberliegenden Uschkaniinseln folgt man einer unterseeischen Gebirgskette. Aus dem tiefen Mittelbecken türmt sich ein breites Unterwassermassiv auf. Einige Hundert Meter unter Wasser verbindet es Olchon mit den Uschkani Inseln. Hier leben die weltweit einzigen Süßwasserrobben, die Baikalrobben. Von den 27 Inseln ist Olchon die mit Abstand größte und spektakulärste. In Chuzir, der Hauptstadt der Insel, ragt der Schamanenfelsen aus dem Wasser. Hier lag vor über 10000 Jahren der Ursprung des Schamanismus. Am Felsen Burchan treffen sich seit Jahrtausenden die Schamanen und führen ihre Rituale durch. An den von ihnen bevorzugten Orten können sie starke Energien spüren und Kontakt zwischen Erde und Kosmos herstellen. Buddhistische Mönche sagen, dass Orte in der Natur, die häufig betrachtet werden, mit mehr und mehr Energie angereichert sind. Der Abwechslungsreichtum dieser größtenteils unberührten Natur und die erlebbare Stille lassen die notwendige Verbindung zwischen Mensch und Natur entstehen. Die Schönheit erzeugt Eindrücke einer anderen Art, die wohl hinter dem Horizont unseres Empfindens liegt. Für den Fotografen besteht die Herausforderung darin, den inspirierenden Blick in ein lebendiges Bild umzusetzten. Ein Aufenthalt am Baikal ist ein bleibendes Erlebnis. Wer das »Heilige Meer« auch nur einmal gesehen hat, fühlt sich seelisch geläutert und bereichert und verspürt den unbändigen Wunsch, wieder zu seinen Ufern zurückzukehren.

MICHAEL FEIERABEND – VOM STECHLIN ZUM BAIKAL

Alles begann von 40 Jahren am Stechlinsee mit Maske, Flossen und Schnorchel: Fasziniert vom klaren Wasser und der fischreichen Welt unter Wasser packte mich die Begeisterung fürs Tauchen. In den folgenden Jahren wurde die Mecklenburger Seenplatte mein bevorzugtes Tauchrevier. Kaum ein See, den ich nicht erkundet hätte. Und immer öfter kam der Wunsch auf, das Gesehene fotografisch festzuhalten. So entstand schließlich 1986 das erste selbst gebaute Unterwassergehäuse für eine Spiegelreflexkamera mit Sucherschacht, die mir gute Dienste geleistet hat. Nicht lange nach der Wende entschied ich mich für die NIKON F801s im SUBAL- Gehäuse. Diese Entscheidung habe ich niemals bereut. In den 90er-Jahren lernte ich im Mittelmeer, im Roten Meer und im Indischen Ozean das Tauchen im angenehmen warmen Wasser kennen. Trotzdem habe ich nie den Kontakt zu den Binnenseen verloren.

2001 trafen sich in Berlin Baikal-Wissenschaftler aus verschiedenen Ländern. Hier begegnete ich Prof. Michail Gratchev, den Leiter des Limnologischen Institutes von Irkutsk. Ich zeigte ihm meinen Bildband »Stechlin« und er sagte: »Kommen Sie zum Baikal und machen dort so gute Unterwasserfotografien.« Zwei Jahre später fuhr ich mit meiner Frau Ljudmila und 110 Kilogramm Gepäck zum Baikal, an Bord des Expeditionsschiffs »Titow«. Die Biologen des Limnologischen Instituts wollten Proben aus verschiedenen Tiefen des Baikal nehmen, und die Taucher sollten Makro- und Weitwinkelaufnahmen erstellen. Während dieser zweiwöchigen Expedition sicherten die Biologen über 100 Proben und waren die Taucher ca. 20 verschiedenen Plätzen unter Wasser dabei.

Was ich nicht wusste: Wer einmal am Baikal war, muss immer wieder dorthin zurückkehren ...

LJUDMILA FEIERABEND –
DER BAIKAL UND ICH

Ich bin am Ufer des Baikal in der Stadt Sljudjanka geboren. Das Haus meiner Eltern stand 50 Meter vom Ufer entfernt. Als ich noch ein Kind war, war der Baikal für mich wie ein lebendes Wesen. Ihm vertraute ich meine geheimen Gedanken an, teilte ihm meine Freuden und Probleme mit. Ich bewunderte ihn, seine Schönheit, Größe und Stärke. Das Thema »Baikal« zieht sich durch mein ganzes Leben, durch mein gesamtes künstlerisches Schaffen: unzählige Landschaften, Menschen, Schamanen, die in Steinen und Felsen schlafende Geister wecken und vieles andere. Baikal – das ist meine Heimat, meine Inspiration und ein entscheidender Teil meiner Persönlichkeit. Wenn ich an seinen Wassern sein konnte, gab er mir immer neue Kraft und Energie, und erhielt dafür meine Liebe und meine Treue. Auf vielen Schiffsreisen über den Baikal oder unterwegs auf Olchon faszinierten mich die Fels- und Steinformationen. Für mich waren das versteinerte Gestalten, die sich

beim Skizzieren oder während meiner Arbeit vor der Leinwand herausbildeten. Natürlich spielt die Fantasie eine Rolle, aber ich versuche immer, mich in meinen Bildern nicht weit von der Realität zu entfernen, sondern die Gestalten festzuhalten, die ich tatsächlich in den Steinen und Felsen des Baikal sehe. Ob es gut gelingt, soll mein Publikum entscheiden.

Die letzten Jahre bin ich mit meinem Mann oder mit meinem Sohn zum Baikal gereist. Ich bin sehr glücklich, dass Michael den Baikal lieben gelernt hat. Die Fotos die auf unseren Reisen entstanden sind die Grundlage für dieses Buch. Vielleicht gelingt es uns dreien, dass viele, die es in die Hände bekommen, den Wunsch empfinden, selbst zum »Heiligen Meer« zu reisen und in sein klares Wasser einzutauchen. Das wünsche ich mir.

PROLOG –
WINTER IN SIBIRIEN

Ljudmila: »Es war Mitte November, kalt, grau und Schnee lag in der Luft. Meine Mutter hatte Waschtag. Über den ganzen Hof waren Leinen gespannt, auf denen Bettwäsche hing, die im Frost rasch erstarrte. Ich lief hinaus auf den Hof, kein anderes Kind war zu sehen. Plötzlich kam ein kräftiger Wind auf, und es geschah etwas Unheimliches. Die riesigen weißen gefrorenen Laken, die wie aufgebauschte Segel oder Glocken aussahen, schaukelten knirschend hin und her. Dabei ging von ihnen ein klirrendes, heulendes, markerschütterndes Geräusch aus. Vor der Kulisse des unendlichen grauen, dunklen Himmels bewegten sich diese weißen ›Riesen‹ immer schneller und schneller, in einem immer gleichbleibenden Rhythmus. Sie erinnerten an lebendige Wesen, die sich losreißen und weit wegfliegen wollten. Ich kam mir ganz klein vor. Auf einmal fühlte ich mich sehr einsam. Dieses starke Gefühl durchdrang meinen Körper. Lange stand ich zwischen den tosenden Naturgewalten und den weißen Fantasiewesen, die vergeblich versuchten wegzufliegen. Ich floh ins Haus, aber diese innere Einsamkeit ließ mich lange nicht mehr los.

Im Frühling, Ende April oder Anfang Mai, nach einem langen Winter, warteten wir sehnsüchtig, dass die Eisdecke aufbrechen möge. Es war ein grandioser und unvergesslicher Anblick, wenn sich der Baikal aufbäumte, sich immer weiter auftürmte und dabei versuchte, die Eisdecke aufzubrechen, um sich von der langen winterlichen Starre zu befreien. Niemand wollte diesen Augenblick verpassen. Sogar in der Nacht liefen wir zum Ufer! Schließlich wölbte sich das Eis, dehnte sich ein letztes Mal, bis plötzlich ein gewaltiges Krachen die Luft erzittern ließ. Die Eisfläche barst, und riesige Eisschollen richteten sich senkrecht auf oder fielen knirschend aufeinander, zerfielen in kleinere Brocken, wurden wieder senkrecht aufgeschoben und zerbrachen erneut. Es war ein unvorstellbares Getöse. Milliarden Wassertropfen spritzten hoch in den Himmel. Der Baikal hatte das Eis besiegt. Die Menschen am Ufer schrien begeistert ›Hurra!‹, als wollten sie so dem Baikal zu Hilfe kommen. Wir liefen am Ufer entlang und beglückwünschten einander. Nach dem langen Winter war dieser Sieg wunderbar. Die Zeit der Freude und des Glücks brach an.«

L – In Port Baikal fließt die Angara wieder aus dem Baikal ab. Die Legende erzählt, dass sie sich gegen den Willen ihres Vaters Baikal mit ihrem Geliebten, dem Helden Jenissej vereinigt hat.

R – Die Zeit der kurzen Wege: Im Winter fahren die Verkehrsmittel über das Eis an das gegenüberliegende Ufer: Autos, Motorräder, Pferdespannwagen – das Eis hält sogar Traktoren und Lastwagen aus.

DIE WINTERZEIT IST SEHR HART: FROSTIG KALT, ABER WUNDERSCHÖN

Die Tage sind kurz und die Nächte sind lang. Monatelang bleibt die Erde schneebedeckt. Nachts kann man bei diesem unwirklichen Schneelicht fast alles auch im dunklen Wald erkennen. Bei Vollmond braucht man nicht einmal eine Straßenbeleuchtung. In jedem Januar friert der Baikal bei Temperaturen über -20 Grad Celsius zu. Die Eisdecke wird täglich um 4–5 Zentimeter stärker und erreicht schnell befahrbare 50–70 Zentimeter. Dann werden verschiedene Verkehrswege über das Eis eröffnet – der Weg von Ufer zu Ufer ist frei. Das Eis ist ständig in Bewegung und erzeugt dabei ein immerwährendes Geräusch.

Man könnte sich vorstellen, jegliche Aktivität würde bei diesen Temperaturen zum Erliegen kommen, aber das Gegenteil ist der Fall. Der Winter am Baikal hat seine eigenen Rituale, Spiele, Veranstaltungen und gesellschaftlichen Ereignisse. Kunstvoll gestaltet entstehen ganze Städte aus Eis. Die besten Handwerker arbeiten mit Säge und Meißel und lassen fantasievolle Kunstwerke entstehen. Die Sibirier sind geübte Eis- und Skiläufer. Die Männer sitzen gern stundenlang beim Eisangeln. Für Eisbader und auch für die Taucher werden Löcher in die Eisdecke gesägt. Die sogenannten »Walrosse« steigen unbeirrt in das eiskalte Wasser. Nach dem Eisbaden ist den Mutigen noch wärmer als zuvor und heiße Dämpfe steigen von ihren Körpern empor. Eisbaden kann auch verschiedene Krankheiten heilen. Diese Therapie gibt es schon seit alters her. Nicht weit vom Ufer, unmittelbar vor Listvjanka, wird immer eine quadratische Öffnung zum Eistauchen freigehalten. Die mehr als einen Meter dicke Eisdecke ist größtenteils mit einer dünnen, festgefahrenen Schneeschicht bedeckt. Nur an wenigen Stellen ist das blanke Eis zu sehen. Mit dem Auto kann man bis unmittelbar an die Einstiegsstelle heran fahren. In einem bereitgestellten Zelt kann man sich umziehen. Eistauchen im Baikal wird von den ansässigen Tauchern fachmännisch organisiert.

Mit dem Sicherheitsmann werden noch einmal die Leinenzeichen abgesprochen und dann gleite ich durch das dicke Eisloch.

Die Unterseite der Eisdecke ist wellenförmig geformt. Manchmal haben sich stalaktitenartige Formen oder meterlange Labyrinthe direkt unter der Eisdecke gebildet. Wir lassen uns langsam bis auf den Grund sinken. Durch die schneefreien Stellen fällt vereinzelt Licht in den erstarrten tiefgrünen Wasserkörper. Wenn wir nach oben schauen, sieht es wie eine gewaltige, erdrückende Gewitterwand aus, durch die nur noch einige Sonnenstrahlen kommen. Die Unterwasserwelt ist nicht anders als zur eisfreien Zeit. Die Süßwasserschwämme, Kleinkrebse und Schnecken sind an den bekannten Orten anzutreffen. Wir ziehen einen Kreis um das Einstiegsloch und erleben dabei das besondere Flair unter Eis. Noch vom Grund in 30 Metern Tiefe ist das Einstiegsloch gut zu sehen. Das Sonnenlicht flutet wie durch einen großen Schacht in den

Baikal. Fast schneller noch als bei einem »normalen« Tauchgang vergeht die Zeit unter Wasser und wir steigen langsam auf. Mein Poseidon-Trockentauchanzug hat sich als zweite Haut hervorragend bewährt. Das Baikalwasser war nur im Gesicht spürbar und hat die Haut hellrosa gefärbt. Im Zelt gibt es kochend heißen Tee mit und ohne Wodka. Man kann sich sogar in der russischen Sauna aufwärmen.

L – Die vielen Inseln sind charakteristisch für die malerische Landschaft des Kleinen Meers. Im Winter, wenn das Eis schon aufgebrochen ist und die letzten große Brocken tauen, ein grandioser Anblick.

R – Schnee und Ornamente: Die alten Häuser von Irkutsk sehen im Winter unter Schneekristallen und Eiszapfen über Treppen, Eingängen, Dächern und Bäumen besonders prächtig aus.

Der Wind treibt den Schnee über die glatte Eisoberfläche. Bei
Spiegeleis bleibt der Baikal größtenteils schneefrei: Ein ganz neues
Raumgefühl beim Schlittschuhlaufen.

Der Ort Listvjanka zieht sich weit am Ufer entlang. Der Baikal bestimmt das Leben der Einwohner. Viele Häuser schauen auf den See. Landeinwärts schlängeln sich zwei enge Täler weit in die Berglandschaft.

L – Wie Glas ist die eisige Oberfläche des Baikal gespannt. Beim Schlittschuhlaufen fliegt man wie ein Vogel über die unendliche Weite dieses erstarrten Meers. Unendliche Freiheit – reines Vergnügen!

R – Eis und Abendsonne: Die Eisblöcke am Baikal sind so klar und durchsichtig, dass man sogar durch dickes Eis wie durch Glas das gegenüberliegende Ufer betrachten kann.

DER TRAUM
DER EISPRINZESSIN

Die Menschen am Ufer des Baikal fahren leidenschaftlich gern Schlittschuh. Schon den Kindern werden, sobald sie laufen gelernt haben, Schlittschuhe an die Filzstiefel geschnallt. Es heißt sogar, dass manche Kinder vom Baikal Laufen und Schlittschuhfahren gleichzeitig lernen. Am Anfang hielt ich mich noch an den Händen der Eltern fest, dann lief ich allein, zuerst auf unserem Hof oder auf der Straße vor unserem Haus, später auf dem See. In einem Jahr kam bei ruhigem Wetter überraschend starker Frost auf. Es regte sich kein Lüftchen. Der Baikal erstarrte über Nacht. Am Morgen glänzte die dünne Eisschicht wie ein Spiegel. Der Frost wurde stärker, und schon nach Kurzem war die Eisschicht so stark, dass man auf ihr laufen konnte. Es gab nur wenig Schnee, der Wind blies ihn fort, und die Eisfläche auf dem Baikal blieb so glatt wie Glas. Nach der Schule aß ich hastig zu Mittag, griff meine Schlittschuhe, und los ging's an den See. Wir Kinder hielten uns an den Händen, aber ich glitt

dann ganz allein über die spiegelglatte Eisfläche, weg vom Ufer, in die unendliche Weite. Beim Schlittschuhlaufen fühlt man sich, als ob man fliegen könnte. Die Eisschicht war über einen Meter dick und dennoch vollkommen durchsichtig. Man konnte die Steine in der Tiefe des Sees erkennen. Ich flog wie ein Vogel dahin und berührte kaum die Eisoberfläche. Über mir zogen die Wolken vorüber, unter mir schimmerten die Steine in der großen Tiefe, und dazwischen befanden sich nur in der Sonne glitzernde Eiskristalle. Die Wolken spiegelten sich auf der Eisfläche, und man verlor das Gefühl für oben und unten: Ich flog über den Wolken, und Glück und Freude ergriffen meine Seele und übermannten mein Herz vollkommen. Manchmal, wenn ich beim Eislaufen eine Pause machte, schaute ich zurück, und mein Heimatort war nur noch als ein kleiner Punkt inmitten eines schimmernden Nebels aus Kristallen zu erkennen. Ich musste zurück.

B A I

I N S E L

KAL

OLCHON

OLCHON –
DIE WIEGE DER SCHAMANEN

Ljudmila: »Ich bin schon viele Male hier gewesen. Während der Zeit meines Studiums kam ich hierher, um das Malen und Zeichnen zu vertiefen. Auf vielen meiner Werke habe ich die unvergleichliche Natur der Olchoninsel festgehalten. Aber jedes Mal, wenn ich kam, entdeckte ich die Insel für mich neu. Ich traf hier auf mächtige Geister, sprach mit dem Seewind und tauchte in das eiskalte, heilige Wasser. Hier wurde ich neu geboren, tankte Kraft und Energie. Die Geister waren mir immer wohlgesonnen. Sie gaben mir Kraft. Und dieses Mal, als ich nun mit meinem Ehemann über den Boden der Olchoninsel wanderte, spürte ich sie wieder, jene unvergleichlichen und mächtigen Energien. Mein Herz schlug freudig, und ich genoss das Gefühl, Teil dieses Ortes zu sein, mit der Umgebung zu verschmelzen. Nirgendwo sonst habe ich ein solches Gefühl erlebt. Der Körper bebt und füllt sich mit Kraft und Ruhe. Diese Empfindung schwebt gleichsam über dem Land. Ich war wieder zu Hause. Die kleinen und großen Wolken änderten ständig ihre fantastischen Formen und flogen ganz nah an einem vorbei. Der helle, sandige Boden verschwamm am Horizont mit dem Himmel, die breiten Wege vermittelten einem das Gefühl unendlicher Weite. Ich freute mich auf die Reise zum Sagan-Chuschun-Felsen. ›Die Legende von den drei Brüdern‹, die sich um seine Entstehung rankt, hat mir immer besonders gut gefallen:

›Der große Schamane hatte drei Söhne und eine Tochter. Die Tochter verliebte sich in einen Mann, doch der missfiel dem Vater. Da floh die Tochter heimlich mit ihrem Geliebten. Der erzürnte Schamane schickte seine Söhne, um sie wieder zurückzuholen. Doch die Brüder liebten ihre Schwester, die sie dazu überredete, dem Vater zu erzählen, dass sie die Schwester nicht gefunden hätten. Und so taten es die Brüder auch. Doch der Schamane erfuhr mithilfe von Magie die Wahrheit und entschied, die Söhne für ihren Betrug zu bestrafen. Er verwandelte sie in Felsen. Und bis heute stehen die drei Brüder, welche die Liebe und das Glück der Schwester gerettet hatten, im Baikal.‹

Im Licht der untergehenden Sonne, von der Seite des Kleinen Meeres aus gesehen, bilden diese Marmorfelsen eine erstaunliche, unglaublich fantasievolle Komposition.«

Die Baikalmadonna, eine Frauenfigur wie aus dem Felsen gemeißelt:
Seit Tausenden von Jahren schaut sie auf das weite Meer, als ob sie
auf jemanden oder etwas wartete.

L – Die Sonnengöttin bewegt sich kleinfüßig über das Wasser; die Arme am Horizont ausgebreitet, erinnert sie durch ihre Formen an heilige Symbole.

R – Der Schamanenfelsen ruht unter seiner morgendlichen Nebeldecke. Dann berühren ihn die Sonnenstrahlen, und mit einem Mal fängt er an zu blitzen, zu brennen, in Tausenden goldenen Funken.

SONNENAUFGANG
AM SCHAMANENFELSEN

Unser erstes Ziel war es, den Sonnenaufgang am weltberühmten Schamanenfelsen zu erleben. Schon um 4 Uhr morgens schulterten wir unsere Fotoausrüstung und machten uns auf den Weg. Noch waren die Wege menschenleer, nur ein paar große Hunde mit hellem Fell kamen zu uns, schnüffelten ein wenig und gingen dann wieder ruhig weg. Ein paar Schritte über die Hauptstraße, und da eröffnete sich der Blick auf den einzigartigen Schamanenfelsen, die Wiege und das Heiligtum des Schamanismus. Groß, geheimnisvoll lag er von einem bläulichvioletten Dunst umgeben im dunklen ultramarinblauen Wasser des Baikal, als würde auch er auf das Erscheinen des Sonnengottes warten. Es war sehr kühl zu dieser frühen Morgenstunde. Die Farbe des Horizonts wechselte von Himbeerrot zu Fliederfarben. Auf dem Baum, der hinter uns stand, landete ein Schwarm Krähen, die, nachdem sie sich auf die Zweige gesetzt hatten, gleichzeitig dreimal krächzten. Und da tauchte eine unglaublich riesige, flam-

mende Sonne am Horizont auf. Sie erinnerte an der Kopf einer leuchtenden Göttin, deren Körper sich in schönen und runden Formen auf dem Wasser zeigt. Sie breitete ihre Arme weit über den Horizont aus und lief mit ihren zarten kleinen Beinen vorwärts. Am Anfang erinnerte diese Gestalt aus Sonnenscheibe und Spiegelung an ein kleines Mädcher, dann an eine zarte junge Frau und danach an eine Frau, die bald gebären wird. Und genau zu diesem Zeitpunkt löste sich die Sonne vom Horizont und zog am Firmament entlang.
Das Ufer füllte sich beständig mit mehr Menschen. Einzelne Personen, Studentengruppen, eine Gruppe Judokaschüler in weißer Kleidung ... indische Prediger entzündeten einige Feuer. Es waren verschiedene Sprachen zu hören: Russisch, Englisch, Deutsch, Japanisch, Chinesisch, Französisch und andere. Wir schauten uns erstaunt um: Wo waren wir hier? In Sibirien, auf einer Insel weit weg von der Zivilisation, oder im Zentrum Europas am Brandenburger Tor?

Und plötzlich streckten die umstehenden Leute wie auf Kommando hin ihre Handflächen der Sonne entgegen und riefen: »Hurra! HUUR-RA!« das Licht des Sonnengottes Ra begrüßend. Das Wissen um die uralten Rituale, bewahrt im tiefsten Innern, regt sich durch die Strahlen der mächtigen, ungewöhnlichen Energie an diesem heiligen Ort der Schamanen und zeigt sich in den Menschen. Im Dorf krähten die Hähne, muhten die Rinder und bellten die Hunde. Die ganze Natur war erwacht und begrüßte das Licht. Mit jeder Faser meines Körpers nahm ich wahr, wie wichtig es ist, die aufgehende Sonne zu begrüßen, und wie viel man verpasst, wenn man diesen Moment verschläft.

Die Sonnenstrahlen streiften den Schamanenfelsen. Bis zu diesem Augenblick hatte der Felsen im violetten Licht noch »geschlummert«. Jetzt erwachte er plötzlich, kam zu sich, erstrahlte im goldenen Licht, das hellorange Gestein leuchtete auf, er pulsierte in Tausend Goldschattierungen, er erbebte, er atmete. Auf der zur Sonne hin gelegenen glatten, steilen und mächtigen Felsenseite erschien ein riesiges Frauenantlitz mit asiatischen Zügen – es lächelte. »Die Schamanin ist erwacht!«, hörte ich viele umstehende Leute seufzen, die dieses Wunder beobachteten. Die Sonnenstrahlen fielen jetzt auf das Wasser und die Insel. Sie trafen auch auf eine rundliche Form auf dem Sandstrand hinter dem Schamanenfelsen und erleuchteten die Spitze des Wächterfelsens, der aus dem Baikalsee herausragt. Das klare, deutliche, männliche Profil eines Menschen mit einem altertümlichen Helm auf dem Kopf stellt den steinernen Wächter, den Hüter der Olchoninsel dar. Der Wächterfelsen leuchtete auf und schimmerte in allen Farben, er funkelte, erfreute sich an den Sonnenstrahlen und begrüßte das Licht. Die Erde, das Wasser, der Himmel und das weite Land lebten auf, erwachten und leuchteten golden. Ein neuer Tag begann.

L – Diese Flechten lassen die Felsen blutrot erscheinen. Sie sind ein Merkmal für besonders klare und saubere Luft. Aus der Nähe kann man interessante Strukturen in diesen Flechten entdecken.

R – Ein Kriegerkopf mit Helm schützt die Perle des Baikal – den Schamanenfelsen – und auch die Inselbewohner. Er wacht über Harmonie, Friede und Wohlergehen der Menschen dort.

OLCHON – DIE WIEGE DER SCHAMANEN

L – Die Heimat und das Symbol des Schamanismus locken bis heute die Menschen auf die Insel Olchon, unabhängig von ihrer Glaubensrichtung: Schamanen, Buddhisten, Christen und indische Prediger.

R – Überall auf Olchon sind Gesichter in den Steinen zu sehen. Wer seid ihr, ihr versteinerten Wesen? Geister der Steine und Felsen oder Kunstwerke, von Menschenhand gemacht?

SCHAMANEN UND WEISSKÖPFIGE ADLER

Der Schamanenfelsen ist eines der neun Heiligtümer Asiens. Der am meisten verehrte und heiligste Platz am Baikal ist die durchgehende Höhle in diesem Felsen. Die Länge der Höhle beträgt 12 Meter, die Breite 3–4,5 Meter und die Höhe 1–6 Meter. Hier werden seit uralten Zeiten Schamanenrituale durchgeführt. In der Höhle, so besagt eine alte Legende, leben der göttliche Herr der Olchoninsel, Chan Chuta-baabai, und sein Sohn, der weißköpfige Adler. Er besitzt drei magische Schlösser: eines im Himmel, eines auf der Erde – das ist der Burchanfelsen und ein drittes in der Unterwelt. Chan Chuta-baabai ist der Hüter und Beschützer der gesamten Schamanenglaubenslehre. Die Achtung vor dem göttlichen Wesen des Chan Chuta-baabai, dem König aller Schamanen, war so groß, dass früher die Einheimischen, wenn sie am Felsen vorbeikamen, die Hufe ihrer Pferde mit Leder umwickelten, damit diese nicht klapperten und die Ruhe des mächtigen Geistes nicht störten. Im heiligen Hain unweit des Felsens

wurden Schamanen bestattet. In der Zeit, als sich der Buddhismus unter den Burjaten verbreitete, begann man den Felsen als Burchanfelsen, »Gott« oder »Buddha« zu bezeichnen. Bis heute kommen an diesen heiligen Ort Schamanen, um Zeremonien durchzuführen. Auch viele Lamas kommen aus ihren buddhistischen Klöstern (Dazan) hierher, um zu beten. Der heilige Schamanenfelsen mit der durchgehenden Höhle, die nur Schamanen betreten durften, war lange Zeit für Besichtigungen gesperrt. Für Frauen und besonders für Kinder gilt noch heute ein Verbot, die durchgehende Höhle zu durchqueren, denn an heiligen Orten, wo über eine sehr lange Zeit verehrt und gebetet worden ist, sammeln sich mächtige Energien und wirken Beschwörungsformeln bis heute. Im Inneren der Höhle wurden auf dem Schiefergestein die Darstellungen von Schamanenfrauen gefunden. Und nahe der Höhle auf dem Felsen konnte man eine Darstellung eines Schamanen mit einer Schellen-Trommel in der Hand entdecken.

Zwischen Schamanenfelsen und Kriegerkopf liegt diese halbovale
Sandbucht – der Lieblingsplatz aller Olchon-Urlauber. Das Wasser wird
hier im Sommer wärmer und man kann tatsächlich ausgiebig baden.

Das Kap Burkhan ruht im klaren blauen Baikalwasser, dem Kleinen
Meer zugewandt. Stille, Ruhe und überirdische Schönheit umgeben
den heiligen Stein und nur die Möwen vermögen seine Ruhe zu stören.

L – Frei spazieren die Kühe über die Insel auf der Suche nach bester Nahrung. Abends kommen sie mit vollen Eutern zurück auf ihren Hof. Ihre Milch ist vielfach die wichtigste Lebensgrundlage ihrer Besitzer.

R – Das Gesicht dieser gutmütigen und freundlichen burjatischen Frau strahlt eine tiefe Ruhe aus. Vier Kinder und viele Enkelkinder hat sie großgezogen hat. Alles schafft sie mit ihren eigenen Händen.

DIE FAHRT AUF DER RUSSISCHEN RUTSCHBAHN

In Olchon lag unser Häuschen auf einem Hügel. Um uns ging das Leben im Dorf seinen Gang: Die Hühner gackerten, die Hunde bellten und die Kühe brüllten. Abends kamen sie zurück auf den Hof, mit riesigen Eutern, die fast auf dem Boden schleiften.

Wir hatten eine Rundfahrt über die Insel und den Besuch der interessantesten Naturschutzgebiete geplant. Witalij, unser Fahrer, fuhr uns mit seinem Jeep in Richtung des Kap Choboi, zuerst am Sandufer entlang, dann auf einem holprigen Feldweg. Dieser Abschnitt des Weges wird »Russische Rutschbahn« genannt. Die ansässige Verwaltung asphaltiert den Weg absichtlich nicht, denn die endemischen Wälder, Pflanzen und Moose brauchen Abgeschiedenheit und Schutz. Wir wurden vollkommen durchgeschüttelt, das Auto wankte so stark, dass wir dachten, es fällt gleich auf die Seite. Wir ächzten, stöhnten, kreischten und lachten. Witalij steuerte den Jeep virtuos, ohne auf unsere Gefühlsausbrüche zu achten.

Endlich führte der Weg über ebenes Gelände. Die Landschaft war fantastisch – die Wiesen, in sehr zarten grünen Tönen, waren übersät mit allen nur erdenklichen Blumen; der ziegelrote Weg wand sich wie eine Schlange mittendurch. Wir blickten auf den dunkelblauen Baikal und im violetten Dunst konnte man die zart kobaltfarbenen Berge erahnen. Manchmal konnte man aus der Ferne Rehe beobachten. Am Wegesrand huschten Zieselmäuse vorbei, flogen Schmetterlinge und Libellen. Überall summte, zirpte und raschelte es. »Wahrscheinlich ist es im Paradies genauso schön«, musste ich denken. Ab und an hielt der Fahrer den Wagen an, damit wir die einzigartige Stimmung fotografieren konnten. Unser Jeep näherte sich dem Sagan-Chuschun-Felsen, man nennt ihn auch »Die drei Brüder«. Er besteht aus hellem Marmor und ist stellenweise dicht mit rot-orangen Flechten bedeckt. Vom Kleinen Meer aus gesehen, besitzt er pyramidenartige Formen, die an riesengroße menschliche Köpfe erinnern.

L – Ein Schamane versucht, durch rhythmische Trommelschläge die Geister zu wecken. Er nutzt alte Beschwörungsformeln, um mit ihnen Kontakt aufzunehmen und eine Antwort auf seine Fragen zu bekommen.

R – An der Spitze vom Kap Choboi steht diese riesige Frauenfigur, die Baikalmadonna, die gegen Norden zur Weite des Baikal gerichtet ist – vom Schiff aus gesehen eine unvergessliche Erscheinung.

KÜNSTLER, GEISTER UND SCHAMANEN

Der nächste Halt war der Choboifelsen. Er befindet sich in der Nähe der breitesten Stelle des Baikal. Auf diesem Platz an der Spitze der Insel werden Schamanenrituale durchgeführt. Bis heute gibt es hier so genannte »Obo«, Pyramidenfiguren aus Steinen. Sie sind Wohnstätten der Geister. Im Burjatischen bedeutet Choboi »Stoßzahn«. Von der Meerseite aus steht auf der Spitze des Zahns eine riesige Frauenfigur mit einem klaren Profil. Sie schaut auf das Meer hinaus und wartet seit Jahrtausenden auf jemanden. Diese Figur ist so vollkommen, dass sich dem Betrachter die Frage stellt, welche Hände diese gigantische Skulptur aus dem Felsen herausgearbeitet haben mögen. Wie viele Figuren – die Werke früherer Meister – wurden von der Zeit und den Naturgewalten verschont? Hier, am nördlichen Rand des Felsens, vom Festland aus nicht einsehbar, liegen in einer Spalte des Felsens in großer Höhe zwei riesige Adlerhorste. Der weißköpfige Adler ist das Symbol des Schamanismus. Nach der burjatischen Über-lieferung soll der Erste, der das Geschenk des Schamanis-mus erhielt, der Sohn des Herrn der Insel Olchon gewesen sein – der weißköpfige Adler. Dieser stolze Vogel wird bis heute verehrt. Vom Kap Choboi aus fuhren wir weiter in die Gegend um Usury. Im kleinen Dorf Usury wird das ganze Jahr über eine meteorologische Station betrieben. Vom Berg aus eröffnet sich einem ein wunderbares Panorama über den Baikal, die Nordspitze von Olchon und über das große Meer. Die höchste Erhebung der Insel ist der Berg Schima. Dieser Ort ist die Wohnstatt der Geister und Götter der Insel. Dieser Berg ist heilig. Niemand wagt es, dort hinzugehen. Nach dem Glauben der Einheimischen bewacht ihn ein riesiger Bär. Der mächtigste Geist des Berges zeigt sich den Menschen in Ge-stalt eines alten Mannes mit einem langen grauen Bart. Es werden viele Geschichten erzählt, wie der alte Mann Kindern den Weg zurück nach Hause gezeigt haben soll.

OLCHON – DIE WIEGE DER SCHAMANEN

L – Der Schamanenfelsen ist der heilige Ort der Insel Olchon und ganz Sibiriens. In Ljudmilas Bild wird der Felsen wie eine Muschel dargestellt, gefüllt mit Gestalten und Gesichtern aus alten Zeiten und Mythen dieses Ortes.

R – Zwei Varianten der »Drei Brüder« aus verschiedenen Blickwinkeln: Lange hat Ljudmila diese Felsformation genau studiert und Fotos analysiert, bis schließlich diese Bilder in Öl auf Leinwand aus ihrer künstlerischen Fantasie entstehen konnten.

L – Gewaltige uralte Felsen, bedeckt mit roten Flechten, fallen steil ins Wasser ab. An diesen Orten haben Archäologen Siedlungen der Kurykanen aus alten Zeiten entdeckt.

R – Die Kurykanenwand zieht sich durch das ganze Kap Chorgoi. Die Kurykanen waren ein Volk, das vor langer Zeit Olchon und die Uferzone Baikals bewohnte. Später wurden sie von den Mongolen verdrängt.

IN DAS LAND
DER KURYKANEN

Die Olchoninsel gilt als bedeutendes kultisches Zentrum der Kurykanenkultur des 6.–10. Jahrhunderts. Dieses uralte Volk hinterließ viele Kurikanen Siedlungen mit Heiligtümern, kegelförmigen Grabstätten, Steinmauern und historischen Gräbern mit wertvollen Kultgegenständen von hochwertiger Verarbeitung aus Metall und Stein. Nach der Anzahl der archäologischen Funde zu urteilen, ist nichts in der gesamten Baikalregion mit der Olchoninsel vergleichbar: Bisher sind 143 archäologische Objekte gefunden worden. Die Kurykanermauer, ist eine der bedeutendsten Befestigungsanlagen. Mit 185 Metern Länge überquert sie die Landenge des Chorgoifelsens. Die Wand ist an einigen Stellen 1,5–2 Meter hoch. Das Mauerwerk ist stellenweise sehr gut erhalten, obwohl es ohne Mörtel erbaut wurde. Hinter der Mauer wurden Gräber gefunden, die von oben mit einer Steinplatte verschlossen waren. Unsere Reise führte uns zum Chorgoifelsen und zum Berg Chadai. Der Blick vom Chorgoifelsen auf das Kleine

Meer ist majestätisch. Wenn man über den Baikal schaut, kann man das Tal des Sarmaflusses sehen. Von hier kommt der tückischste und heftigste Wind, der über den Baikal fegt und alle Menschen, gleich ob auf großen oder kleinen Schiffen, das Fürchten lehrt. Am schlimmsten weht dieser Wind im Herbst. Genau gegenüber dem Sarmatal liegt die so genannte »Mondlandschaft« am Südende der Insel. Hier gibt es keine Bäume und keine Siedlungen. Die Natur erinnert tatsächlich an eine Mondlandschaft mit fantastischen Fels- und Steinformationen, Figuren und Anhäufungen aus Stein. Hier wachsen sehr viele verschiedene Moose, Flechten und endemische Pflanzen. Auch das Edelweiß kommt hier vor. Wir fuhren auf einem rot-orangen Lehmboden. Er schlängelte sich zwischen den Hügeln und verlief weiter bis zum Horizont, mal versteckt hinter den Hügeln, mal hervorlugend. Es war herrlich, bei geöffnetem Fenster mit dem Jeep schnell dahinzufahren.

Der warme sanfte Wind strömte ins Auto und brachte den frischen Duft des Wassers und der sonnenbeschienenen Gräser. Mal hier, mal dort liefen aufgeschreckte Rehe durcheinander.

Auf dem Weg nach Chorgoi machten wir an der höchsten Erhebung, dem Berg Chadai, halt. Wir kletterten einen steilen steinigen Abhang bis zum Gipfel hinauf. Die scharfkantigen Spitzen des Berges, auf dem wir standen, erhoben sich hoch über dem Tal. Als Zeichen der Verehrung und Anbetung der Geister, die das Tal beherrschen, stellten die Menschen auch hier eine »Obo«, eine Pyramidenfigur aus Steinen, auf. Der Ausblick nahm uns den Atem: Ein unfassbar schönes, weites Panorama breitete sich vor uns aus. Die Berge hinter dem Baikal, von einem durchsichtigen Schleier aus zarten ultramarinblauen und warmen Fliedertönen umgeben, nahmen allmählich rotgoldene Töne an. Sie schienen auf dem schneeweißen Nebel zu ruhen, der sich in weißen Flocken am strahlend kobaltfarbenen Rand des Baikal auflöste. Die hügelige Steppenebene schillerte in wunderbaren perlen- und perlmuttfarbenen Tönen. Sie veränderte ihre Umrisse mit den dahinziehenden Wolken und die Schatten ließen diesen Ort besonders rätselhaft und wild erscheinen.

L – Wie eine Schlange durchquert der sandige Weg die Insel. Die Luft ist erfüllt vom Duft der Gräser und der sonnenwarmen Erde, dem Lärm der Grashüpfer und dem Summen der Bienen.

R – Die zusammengestellten Kultsteine, genannt Obo, werden von den Menschen verehrt. Sie sind überzeugt, dass Geister des jeweiligen Ortes oder Seelen verstorbener großer Schamanen diese hier wohnen.

MALOE MORE –
DAS WARME KLEINE MEER

Michael: »Vor der kleinen unbewohnten Insel Hurbin tauchen wir zum ersten Mal im Maloe More. In großen Bereichen schwankt hier die Wassertiefe zwischen 5–50 Meter. Im Sommer trifft man stellenweise auf ähnliche Unterwasserwelten wie in deutschen Binnenseen. Zwischen Tausendblatt und Laichkraut lauern Hechte und ziehen Barsche. Wir sind auf der Suche nach Groppen oder Panzerwangen. Hier, im Kleinen Meer, ist die Population besonders groß. Groppen sind Meister der Anpassung an den Untergrund. Auf und unter den Steinen und zwischen den Schwammverästelungen sind sie hervorragend getarnt. Für kleine Beutezüge bewegen sie sich ganz kurz oder schwimmen ins Freiwasser. Bevorzugte Nahrung sind die Kleinkrebse am Grund. Diese Krebse sind das flächendeckende Filtersystem des Baikal. Sie verschlingen die Algen und Bakterien. Diesem winzigen, backenbärtigen Krebstier verdankt der Baikal seine unvergleichliche Klarheit. Bei mäßigen sechs Metern Sichtweite erreichen wir schnell den sandigen Grund. Dicht an dicht stehen hier Süßwasserschwämme, die als Lebensraum von Schutz suchenden Kleinlebewesen genutzt werden. In Scharen sitzen unzählige hellbraune Kleinkrebse an den Verästelungen. Sie haben leuchtend blaue und gelbe Punkte. Zwischen 5–15 Meter Wassertiefe sind nur diese kleinen Krebse anzutreffen. Bei genauem Hinsehen finden wir die Groppen schnell. Nun bedeutet es die größte Herausforderung, die kleinen Fische formatfüllend vor die Linse zu bekommen.

Zwischen den Tauchgängen gönnen wir uns nur eine kurze Aufwärmpause. Unser Schiff setzt gleich zur Insel Samogou über. Vor einer hohen, mit verschiedenfarbenen Flechten bewachsenen Felswand fällt der Anker. Bei starker Dünung tauchen wir direkt an die senkrecht aufstrebende Wand heran. Unser Pech – wir können so leider nicht aus dem Wasser heraus fotografieren. Über große Felsbrocken gleiten wir in das tiefere Wasser. Überall Kleinkrebse und Schnecken. An der Sichtgrenze sehen wir einen kleinen Fischschwarm. Nach wenigen Flossenschlägen haben wir 20 Meter Wassertiefe erreicht. Hier wechsle ich mit Juri die Kameras. Meistens fotografiere ich bis 15 Meter Tiefe mit der Weitwinkelkombination und in tieferen Bereichen mit dem Makroobjektiv. Die Gehäuse von SUBAL erweisen sich einmal mehr unter harten Bedingungen als verlässliche Partner.«

Die orangefarbene, auffällige Groppe haben wir im Nordbaikal in
14 m Tiefe getroffen. Die Groppenfische haben keine Schwimmblase
und müssen sich daher hauptsächlich in Bodennähe aufhalten.

Ähnlich einem Chamäleon hat sich diese Groppe dem Untergrund
farblich fast vollkommen angepasst. Mit ruhigen Bewegungen kann
man ihr mit der Kamera langsam sehr nahe kommen.

Der enge Lebensraum zwischen den Verästelungen ist unter den
Groppen und Krebsen gut aufgeteilt. Die Krebse halten die Schwam-
marme von Parasiten frei.

Die guten Verstecke der Groppen in Grundnähe sind für den Unter-
wasserfotografen eine Herausforderung: Groppe entdecken, sich gut
platzieren, die Kamera in Stellung bringen und abdrücken!

L – Edelweiß wächst überall auf Olchon und im Gebiet um das Kleine Meer. Diese Blume ist in die Rote Liste eingetragen, steht unter strengem Schutz und kommt in Europa nur noch sehr selten vor.

R – Gleiches gilt für den Gelben Mohn. Er steht ebenso unter Naturschutz. Man findet ihn am Kleinen Meer, besonders häufig in der Bucht Kurma.

WOHER DER WIND KOMMT
UND WO DIE GEISTER WOHNEN

Von der Bucht Pescanaja fuhr unser Schiff in Richtung Maloe More. Das Kleine Meer ist auf dem besten Weg, sich zu einem Touristenzentrum zu entwickeln. Die Uferzonen sind hier besonders malerisch, und der Baikal wird im Sommer richtig warm – bis zu 22 Grad Celsius. Es gibt viele Sandstrände, Zeltplätze, touristische Einrichtungen. Jedes Jahr werden die Urlauber, die hierher zum Baden an den Baikal kommen, mehr. Michael ist in diesen warmen Gewässern schon mehrmals getaucht und hat unter Wasser fotografiert.

Wir fahren weiter zum Delta des Flusses Sarma. Der Kontrast könnte nicht größer sein. Hier ist es öde und menschenleer. Der Ort ist bekannt und gefürchtet für den strengsten Wind am Baikal. Das Tal wirkt wie eine aerodynamische Röhre für die arktische Luft, die vom Norden kommt. Die Windgeschwindigkeit kann 40 km/h und mehr erreichen. Ab Herbst bricht der Wind aus dem Sarmatal heraus und saust mit rasender Geschwindigkeit und zerstörerischer Kraft quer über die Wasserfläche. Alle Seefahrer fürchten den Sarmawind. Als wir ins Tal wandern, kommen wir aus dem Staunen nicht heraus: Welch ein Reichtum an Pflanzen, Blumen, Moosen, Kräutern! Das Summen und Zirpen von Millionen Insekten mischt sich mit dem Vogelgezwitscher. Natürlich hat hier niemand jemals ein Haus gebaut, geschweige denn eine Siedlung. So blieb die Natur ursprünglich schön und von Menschenhand unberührt. Wir erreichen den heiligen großen Stein. Wie es sich gehört, grüßen wir ihn und ruhen uns im Windschatten aus. Dann hält uns nichts mehr: Wir stürzen uns in die eiskalten, ungestümen Fluten des stolzen Flusses Sarma. Wie neugeboren nach diesem erfrischenden Erlebnis machen wir uns auf den Rückweg.

Das nächste Ziel ist Kap Kurminski. Die fast halbrunde Fläche des Kaps ist umschlossen von Sandstränden und großen Flächen mit einzigartigen Pflanzen: gelber Mohn, rote endemische Lilien und Edelweiß.

Wir bewundern die archaischen Steinformationen, die an einer Stelle einen perfekten Bogen bilden. Die Steine sind mit rot-orangefarbenen Flechten bedeckt, die zusammen mit der natürlichen Färbung der Steine ein bezauberndes Farbenspiel mit feinsten Schattierungen ergeben. Dieses herrliche, uralte Panorama raubt einem den Atem.

Die riesige Sonnenscheibe nahm ihren Kurs zum Zenit. Wir wollen unbedingt noch das geheimnisvolle Steingeistertal besuchen. Wir leihen uns ein Auto, um rechtzeitig dieses Tal zu erreichen. Bei unserer Ankunft wird es wie zur Begrüßung von den rötlichen Strahlen der untergehenden Sonne erleuchtet. Gigantische Eidechsen bewachen den Eingang in die uralte Stadt, in der wir unzählige Steinfiguren erblicken. Diese golden schimmernden Wesen werfen lange violette Schatten, die immer länger werden. Die Figuren und Gesichter wirken wie lebendig. Sie verändern sich, vibrieren, atmen und beobachten uns. Dieses Gefühl verfolgt uns die

ganze Zeit, während wir im Tal umhergehen und versuchen, jede neue Gestalt dieser mystischen Standbilder fotografisch festzuhalten. Dann verlöscht der letzte Sonnenstrahl und die Figuren erstarren in ihrer Unbeweglichkeit, ohne uns ihre Geheimnisse zu verraten. Der Himmel färbt sich wie von Tausenden himmlischer Lagerfeuer.

L – Ein Berg und ein heiliger Stein im Sarmatal: Durch diese Schlucht pfeift eisig kalt von Norden der stärkste und gefährlichste Wind um den Baikal. Ihn fürchten alle Seefahrer dort besonders.

R – Obo, eine künstlich zusammengestellte Steinkonstellation: Von hier aus, vom hohen Berg, können die Geister des Tals am besten ihren Ort sehen und die Umgebung beherrschen.

An manchen Tagen kann hier im Kurmatal ein geheimnisvolles,
unwirkliches Wetter eine fast mystische Ruhe entstehen lassen.
Solche Tage sind wunderbar, aber manchmal auch bedrohlich.

Im Steingeistertal braucht man nicht viel Fantasie, um Figuren, Gesichter und Köpfe in den Steinen zu entdecken. Ein Werk der Naturgewalten? Oder hat doch einst Menschenhand daran gearbeitet?

Das Kurmatal liegt in einer der schönsten Buchten des Kleinen Meers.
Die uralten Steine bestechen durch ihre ocker-goldenen Farbschat-
tierungen mit rotorange farbenen Flechten.

KAL

ORDEN

NORDBAIKAL –
IM GRIFF DES GEBIRGES

Michael: »Ein unscheinbarer Fischerort liegt vor einer flachen Bergkette. Bis auf einige Besatzungsmitglieder nutzen alle die Möglichkeit zu einem Landgang. Niedrige Ziegelhäuser und alte Holzhäuser ziehen sich in einem schmalen Streifen am Ufer entlang. Das Angebot in den kleinen Läden ist auf das Lebensnotwendige beschränkt. Schon fast am Ende des Ortes betreten wir eine menschenleere kleine Gaststätte. Zögerlich fragen wir nach dem ausgeschilderten Schaschlikangebot. Der Inhaber mustert unsere zwölfköpfige Gruppe, denkt kurz nach und sagt dann zu.

Getränke werden serviert und verschiedene Salate kommen auf den Tisch. Wir sind verwundert, wie schnell gastronomisches Leben aufkommt. Im Hintergrund läuft leise Musik in einem Radio. Auf die Schaschliks müssen wir nicht lange warten. Wir sind hungrig, aber jetzt, beim Anblick dieses unerwartet leckeren Essens, kommt der Appetit erst so richtig. Wir bestellen weitere Spezialitäten. Und natürlich fließt zur besseren Verdauung der Wodka. Die kleine Wirtsstube füllt sich, die Musik wird zusehends lauter, und plötzlich kommen aus dem Nebenzimmer einige burjatische und ewenkische Frauen und beginnen zu tanzen. Wir lassen uns nicht lange bitten und schwingen das Tanzbein. Die Stimmung steigt, fast ohne Pause treibt uns der Rhythmus der Musik zu immer ausgelassenerer Bewegung. Aus dem Nichts heraus zu improvisieren, zu tanzen und zu singen, das ist tief in der russischen Seele verwurzelt, und wir lassen uns einfach mitreißen. Spätabends gehen wir singend und etwas schwankend zurück zum Schiff.«

Im transparenten Wasser kann man in Ufernähe bis in Tiefen von 10 Meter sehen. Im Spiel der Sonnenstrahlen glitzern die Steine in zauberhaften Blau- und Grüntönen oder erinnern an versunkenes Gold.

Der größte Süßwassersee der Erde: Die Küste mit ihrem von Geröll durchsetzten sandigen Ufer und die beachtliche Brandung lassen durchaus den Eindruck eines Meeres entstehen.

L – An diesem Ort lebt ein Einsiedler mitten in der abgeschiedenen Bergwelt. Die nächste Ortschaft ist über 30 Kilometer entfernt und nur schwer zu erreichen.

R – Fast überall können die Schiffe mit dem Bug zuerst ans Ufer fahren. Über die schwenkbare Holztreppe gelangen die Reisenden an Land. Mit nassen Füßen sollte man beim Aussteigen immer rechnen.

TAUCHEN UND FOTOGRAFIEREN
EXPEDITION AUF RUSSISCH

Lange schon haben wir die Spitze von Olchon hinter uns gelassen. Weder einer Ansiedlung noch einem Schiff sind wir begegnet. Ein kurzer steiniger Uferstreifen geht schnell in dichten Kiefern- und Lerchenwald über. In der Ferne zeigt sich die schneebedeckte Bergkette mit den ersten Zweitausendern. Wir fahren Richtung Norden. Die »Titow« zieht gemächlich 400 Meter vom Ufer ihre Spur. Die hohen Berge haben jetzt alle eine Schneemütze. Rings um den Baikal gibt es viele kleine abgetrennte Seen. Der See »Muchinei« befindet sich nur 25 Meter hinter einem steinigen Hang. Uns erwartet ein braunes Wasser mit Sichtweiten von höchstens einem Meter. Zusammen mit Igor tauche ich in den flachen See und mache die gewünschten Unterwasseraufnahmen: Pflanzen und Fische wie in unseren heimischen Binnenseen. Ljudmila bleibt allein am Ufer und sucht lohnenswerte Fotoobjekte. Nach dem Tauchen erklären uns die russischen Freunde, dass dieser idyllische Platz abends bevorzugt von Bären aufgesucht wird. Von ihnen stammen die vielen Kothaufen rings um unseren Einstieg. Später sehen wir vom Schiff aus, wie ein Bär behände einen Hang aufwärts strebt. Immer wieder geht unser Schiff vor Anker. Die Höhepunkte des Tages sind die gemeinsamen Mahlzeiten. Unsere junge Köchin ist eine Meisterin in russischer Kochkunst. Zwischen den Mahlzeiten stehen immer zwei Teekessel auf dem Tisch in der Messe. Heißwasser und Teeextrakt zum individuellen Mischen und viel süße Sahne.

Am Vormittag des nächsten Tages unternehmen wir einen Tauchgang an der Insel »Boguschanski«. Überall auf den Steinen sitzen die Köcherfliegenlarven. Die Entwicklungsphase der endemischen Larven im Wasser kann zwei bis drei Jahre dauern. Die fertige Puppe beißt sich durch das Gehäuse, kriecht heraus und treibt an die Wasseroberfläche. Innerhalb weniger Minuten ist das fertige Insekt flugfähig. Muscheln verschiedener Größe und natürlich die emsigen kleinen Krebse bevölkern überall den Grund.

Wir fahren auch nachts, um die große Strecke, die vor uns liegt, in der kurzen Zeit mit all den vielfältigen Aufgaben zu schaffen. Unsere Biologen sind den ganzen Tag damit beschäftigt, Proben zu sammeln, sie zu sichten und zu sortieren. Vorn übergebeugt sitzen sie stundenlang vor wassergefüllten Schüsseln und suchen nach neuen Baikallebewesen. Die Silhouette von Severobaikalsk zieht an uns vorbei.

Unser Ziel ist Nischneangarsk, wo wir bei der Naturschutzbehörde die Zufahrtsgenehmigung für die östlichen Baikalseite bis zu den Uschkani-Inseln einholen. Gleich am nächsten Morgen fährt unser Zodiak mit zwei Biologen, dem Bootsfahrer und mir an Bord weit in das Delta zur Probenentnahme. Der Motor zeigt was er kann. Das weitläufige Delta ist zum Anfang sehr flach, nach 15 Kilometern überqueren wir einen großen See. Dann sind wir am Ziel. Ravil, unser Expeditionsleiter und sein Sohn beginnen sofort, Proben zu entnehmen, ich suche Fotomotive. Am Horizont ballen sich dunkle Wol-

ken zusammen, ein drohendes Grummeln ist in der Ferne zu hören. Keine Chance – wir müssen zurück. Auf einem der langen Flussläufe erwischt uns das Gewitter. Nichts geht mehr. Das Gewitter tobt, Blitz und Donner, strömender Regen aus Kübeln, wir mitten im schlammigen Delta und da gibt unser Motor keinen Ton mehr von sich. Im letzten flachen Wasser hat sich eine Schraube festgefahren, der Splint ist abgedreht. In diesem Augenblick habe ich für mich mit dem Leben abgeschlossen. Doch der Bootsführer erweist sich einmal mehr als ruhiger, umsichtiger Fachmann. Aus der unergründlichen Tiefe seiner Hosentasche fördert er einen Ersatzsplint zu Tage und während ihm der Regen in die Jacke und über das Gesicht strömt, beginnt er in aller Seelenruhe mit der Reparatur. Ich kannte mir nicht vorstellen, wie man in dieser Situation den kleinen Splint sicher einpassen kann. Kurze Zeit später der Griff zur Reißleine und der Motor läuft. In vorsichtiger Fahrt erreichen wir unser Mutterschiff.

L – Die Köcherfliegenlarven leben bis zu vier Jahren unter Wasser, bis sie an die Oberfläche treiben und kurzfristig flugfähig sind. Sie sind ein hoch geschätzter Leckerbissen für Bären.

R – Gewaltige Steinbrocken türmen sich aufeinander. Welche gigantischen Urkräfte bei der Entstehung des Baikal mitwirkten – hier kann man es ein wenig nachvollziehen.

L – In der Umgebung des Baikal existieren heiße Quellen. Vielen werden heilende Kräfte nachgesagt. Sie sind aber mit Vorsicht zu genießen, denn die Wirkungen sind stark. Am besten steigt man abends in die Fluten.

R – Der Baikal brennt: Trotz Abendnebel und ohne dass die Sonne selbst zu sehen ist, verbreitete sie einen letzten warmen Gruß. Ihre rötlichen Strahlen spielen mit den Wellen in der sanften Abenddünung.

HEISSE QUELLEN
EIN BESONDERER LANDGANG

Am nächsten Tag brauchen wir eine Erholung und fahren zu den Thermalquellen nach Charkussy. Vom Landesteg aus müssen wir ungefähr 1 km landeinwärts zur Quelle gehen. Das Heilwasser kommt direkt aus dem Berg. Es ist richtig heiß, ca. 45 °C, und enthält sehr viele Minerale. Wegen der intensiven Wirkung auf den Körper sollte man nicht länger als 15 Minuten baden. Vom Berg wird das heiße Quellwasser einfach in das kleine Holzbadehaus geleitet. Danach sucht es sich dampfend durch unzählige kleine Rinnsale und Tümpel seinen Weg weiter durch den Wald. Über dem Wasser steht der Dampf und verzieht sich langsam durch die hohen Bäume. Wir genießen unser Bad in vollen Zügen. An Leib und Seele gelockert und entspannt kehren wir zum Schiff zurück. Die Dünung hat zugenommen und unser Kapitän legt zügig ab, um Kurs auf die Uschkaniinseln zu nehmen. Stundenlang fahren wir an der bergigen Kulisse des Bargusingebirges entlang. Ein riesiges unberührtes Biosphärenreservat, das

sehr vielen sibirischen Tierarten eine Heimat bietet. In das lang gezogene Hochgebirge sind viele Seen und malerische Täler eingebettet. Ein atemberaubender Sonnenuntergang mit einem unvergleichlich schönen Farbenspiel auf dem Wasser und über den Bergen schließt diesen abwechslungsreichen Tag ab. Die »Titow« fährt sicher durch die immer größer werdenden Wellen. Bei diesen harmonischen Bewegungen können wir immer besonders gut einschlafen. Mitten in der Nacht reißt mich jemand aus meinen süßen Träumen. Ich muss aufstehen und mit Igor und Juri an Land, gleich ob mir das jetzt gefällt oder nicht. Auch hier gibt es heiße Schwefelquellen. Aber Badevergnügen mitten in der Nacht? Dem kann ich zuerst nichts abgewinnen. Auf dem Weg zur Quelle erfahre ich von den russischen Freunden, dass man nach dem Besuch dieser Quellen mehrere Stunden nicht tauchen darf. Darum also wird einfach nachts gebadet, und dazu mit anschließender Abkühlung im nächtlichen Baikal ...

BARGUSIN –
TAL AM RANDE DES LICHTS

Ljudmila: »Grandios ist dieses Tal. Von allen Seiten öffnet sich ein wunderbarer Blick auf die fantastischen Bergformationen, auf die Wälder und das Tal, mit seinen glitzernden Seen bis hin zur gegenüberliegenden Seite, wo hinter einem durchsichtigen Dunstschleier die blauen Berge zu ahnen sind. Seinen Namen erhielt das Bargusintal von einem alten Stamm, den ›Barguten‹, die einst das gesamte Tal bewohnten.

Schon 1986 erhielt das Bargusintal den Status Biosphärenreservat durch die UNESCO. 1076 Seen, alle miteinander verbunden, bilden zusammen ein undruchdringliches Flusssystem mit ausgedehnten Sumpflandschaften, in denen unzählige Wasservögel leben. Etwa 20 Seen sind salzhaltig. Der Taigawald besteht vorwiegend aus Zirbelkiefer- und Fichtenbaumarten. In dieser einmaligen Landschaft findet man über 650 Pflanzenarten: Goldener Rhododendron, Bagan, Sagan-Dailja, Hagebutte, Thymian, um nur einige zu nennen. Fast 250 Bären leben in diesem Tal, 243 Vogelarten, 4 Reptilien- und 2 Amphibienarten. Weltbekannt ist der Pelz des Bargusin-Zobels. Dieses sagenumwobene Land ist das Tal der Bordschiginen.

Keine Geringere als die Mutter des großen Dschingis Khan gehörte diesem Stamm an, der hier am Bargusinfluss siedelte. Dschingis Khan selbst hat das Tal aufgesucht um die Gräber der Ahnen zu ehren, doch er hinterließ seinen Söhnen das Vermächtnis, ihn heimlich im Bargusintal zu begraben. Ist es möglich, dass die sterblichen Überreste des großen ›Eroberers der Welt‹ in der heiligen Erde von Bargudshin-Tokum ruhen?«

Am Anfang des Bargusintals ist im Hintergrund die Siedlung Bargusin zu sehen. Eine breite und weite Landschaft, umschlossen von schnee-bedeckten Bergen – ein herrliches Motiv für jeden Maler.

Die Berge des Bargusin-Bergrückens sind bekannt für ihre scharfen Spitzen und die ultramarin-kobaltblaue Farbe. Der warme Wind treibt langsam Schäfchenwolken vor sich her.

L – Am Fuß des riesigen Bargusingebirges wurde die Siedlung Kurumkan gegründet. Legenden berichten, dass in diesem Tal, im Stamm der Borgidschiten, die Mutter von Dschingis Khan geboren wurde.

R – Die Menschen, die im Tal leben, sind gutmütig, fröhlich und gastfreundlich. Dieses alte Paar hat uns unbekannte Besucher zu sich ins Haus eingeladen, bewirtet und viele Geschichten aus dem Tal erzählt.

KURUMKAN – EIN DORF ZWISCHEN BERGEN UND SEEN

Unsere Reise führte uns weg vom Baikal in das sagenumwobene Hinterland, ins Bargusintal. Kurumkan, ein stattliches Dorf, liegt an einem der schönsten Plätze des Tals, am Fuß der Bargusiner Berge. Auf der anderen Seite des Orts öffnet sich das wunderbare Tal mit dem Bargusinfluss und den Seen, die von hohem, duftendem Gras umgeben sind. Ruhe, Ausgeglichenheit und Hoffnung liegen über diesem zauberhaften Ort am Fuß der hohen Bargusiner Berge mit ihren ungewöhnlichen Formen und den gewundenen Gipfeln. Kurumkan ist kreuz und quer von breiten, silbrig grauen Wegen durchzogen. Die Silbertöne harmonieren mit den Farben der Berge. Am Hauptweg steht ein verdorrter, seltsam geformter Baum. Niemand berührt ihn. Eine Asphaltstraße führt vorbei, und vorsichtig umfahren die Menschen den Baum. Wenn die Menschen ihn schützen, dachte ich bei mir, muss er wohl eine besondere Bedeutung haben. Die Berge sind gewaltig. Unerschütterlich und fest schützen sie das Tal, die Menschen und die kleinen Häuser. Man spürt, von diesen Riesen geht eine Macht aus, sie sind von uralten Geheimnissen umgeben. Mit dem Verlauf der Sonne verändern Schatten ihre Gestalt. Es scheint, als wären sie lebendig und von wechselnden Stimmungen beherrscht. Mal wirken sie fröhlich, mal finster – wie in einer Theateraufführung. Von einem Augenblick zum anderen verändert sich der Himmel. Dunkle schwere Wolken in fantastischen Formen ziehen vorbei, es sieht aus, als ob aus ihren Schatten ein längliches Wesen kriechen würde, das sich über die Berge ausbreitet. Doch dann lugt die Sonne wieder hervor, taucht alles in strahlendes Licht, und plötzlich leuchten die Berge in wechselnden, schimmernden Farbtönen. »Hier lebt es sich bestimmt sehr gut.« Dieser Gedanke ging mir die ganze Zeit nicht aus dem Kopf. Nicht ohne Grund waren die früheren Siedler Meister bei der Auswahl ihrer Wohnstätten. Sie besaßen ein Gespür für machtvolle Orte positiver Energie. Kurumkan ist einer dieser Orte.

L – Winter im Sommer: Überall im Tal trifft man auf Salzseen. Dann nimmt mitten im Sommer die malerische Landschaft winterliche Gestalt an. Die Ufer sind wie mit Schnee bedeckt.

R – Das Sachsenschloss von Suwo heißt diese Felskonstellation. Die Steinformen erinnern an ein Schloss. Bei genauem Hinschauen kann man überall Figuren und Gesichter entdecken.

EIN SCHLOSS, SKULPTUREN UND EIN STIER

Am nächsten Tag waren wir mit einem jungen Mann verabredet. Er fuhr uns mit seinem Jeep in Richtung des Dorfes Suwo zu den legendären »Suwinskij-Sächsisches-Schloss«-Felsen. Die fantastischen Formen dieser Felsen wirken auf uns wie von Menschenhand geschaffene Skulpturen. Sie erinnern an eine alte Schlossruine, und bei längerem Hinschauen kann man sogar mit etwas Fantasie verschiedene Figuren sehen: eine Sphinx, eine Schildkröte, einen Bären, Menschengestalten, Gesichter und vieles mehr. Das kleine Dorf Suwo liegt am Fuß der Suwinskijfelsen. Es dürfte schwer sein, einen malerischeren Ort zum Leben zu finden. Jeden Morgen, wenn man aus dem Fenster schaut, sieht man andere erstaunliche Wolkenfiguren, die sich mit dem Lauf der Sonne über den Himmel verändern. Von den »Suwinsikij-Sächsisches-Schloss«-Felsen hat man einen wunderbaren Blick auf das Bargusintal mit seinen über tausend Seen, den in der Sonne schillernden Bargusinfluss, der durch das ganze Tal fließt. Unwirklich ist das Farbenspiel der zart ultramarinfarbenen Berge mit ihren ungewöhnlichen Formen und scharfkantigen Gipfeln, die im milchigen Nebel versinken, und den schnell dahinfliegenden Wolken. Als Geist und Herrscher des Bargusintals gilt der sogenannte »Buche-Schulun«-Felsen, der Stierfelsen. Einer alten Überlieferung zufolge trieben die Burjaten ihre Rinder für den Winter in die Tschitinsker Region. Doch einer der Bullen hielt sich so gerne im Tal auf, dass er nicht von dort wegwollte. Dreimal brachte man ihn von dort fort, doch er kehrte immer wieder zurück und verwandelte sich schließlich in einen Felsen, um für immer in dem geliebten Tal zu bleiben. Die Menschen im Tal verehren den Stierfelsen bis heute. Er ist heilig. Er verleiht dem Tal Macht und beschützt es und die Menschen, die hier leben. Ein tiefer Friede, eine stille Begeisterung und Freude erfasst die Seele bei der Betrachtung der wunderschönen Landschaft.

Unser Jeep brauste den Weg entlang. Üppige Wiesen zogen vorbei. Kühe und Schafe grasten. Ab und an sah man einen jungen Hirten auf einem Pferd reiten. Auf den Seen lärmten Hunderte Vögel und flogen in großen Schwärmen auf: Enten, Gänse, Kraniche, Störche. Am Himmel zogen lockere Wolken entlang. Unser nächstes Ziel war ein Salzsee. Die Erde dort war rundherum weiß von Salz, und wir hielten kurz an, um diese ungewöhnliche Landschaft zu fotografieren. Der Weg führte nun in Richtung der gegenüberliegenden Berge. Wir fuhren zügig durch kleine Dörfer mit überwiegend burjatischen Bewohnern. Manchmal rannten dort spielende Kinder umher, oder ein paar Reiter jagten geschickt und untadelig im Sattel sitzend an uns vorbei. Wir mussten uns beeilen, denn wir wollten das Tal überqueren, um von den gegenüberliegenden Bergen die letzten Sonnenstrahlen, die sich in den Seen und dem Fluss widerspiegelten, zu fotografieren. Die Sonne, die den ganzen Tag über glühend heiß gebrannt hatte,

verschwand langsam hinter dem Horizont. Unser Jeep raste dahin. Im letzten Augenblick gelang es uns noch, das überwältigende Panorama dieser großartigen Landschaft auf das Bild zu bannen. Dann hielten wir wie verzaubert inne. Ein riesiger violetter, mit kobaltfarbenen Tönen versetzter Schatten bedeckte langsam das Tal und hüllte es in einen Dämmerschlaf ein. In der Ferne schimmerten noch die glühenden Berge, doch die Schatten krochen immer näher und näher. Ein letzter Sonnenstrahl blitzte auf dem Berggipfel auf, und das Tal versank in einem kühlen ultramarinfarbenen Dunstschleier. Unsere Reise durch das Bargusintal war zu Ende.

L – Die Siedlung Bargusin liegt auf ebenem Gelände tief im Tal zwischen den Bergen. Die Häuser sind geradlinig nebeneinander angeordnet. Nach hinten öffnen sich meist große Gärten.

R – Im Bargusintal könnte man meinen, die Sonne hätte dieses Tal gewählt, um unendliche Lichtvariationen und –szenen vorzuführen. Man kann diese Lichtspiele nur staunend und überwältigt betrachten.

Im Tal weidet eine Vielzahl an Kühen, Schafen und Pferden. Saftige und duftende Gräser, Wasser im Überfluss und grenzenlose Freiheit machen dieses Tal zu einem bevorzugten Ort für Tiere und Menschen.

USCHKANIINSELN – LEBENSRAUM DER ROBBEN

Michael: »Die Baikalrobben sind die einzigen Säugetiere des Baikal. Es wird vermutet, dass die Robben durch das pleistozäne Flussnetz Ostsibiriens, quer über die sibirischen Landmassen eingewandert sind. Ihr dicker, silbrig-brauner, behaarter Rumpf besteht zur Hälfte aus Fett. Die Hinterbeine sehen aus wie zwei Flossen. Das ein wenig schläfrige Gesicht wird besonders durch die kreisrunden Augen und die weit sichtbaren Barthaare geprägt. Baikalrobben leben im Wasser und müssen zum Atmen des Öfteren auftauchen. Ihr Blut kann extrem viel Sauerstoff aufnehmen. Damit können die Robben bis zu einer Stunde unter Wasser bleiben. Untersuchungen des Limnologischen Instituts in Irkutsk haben gezeigt, dass die Robben während dieser Zeit Tiefen bis über 300 Meter aufsuchen. Bei diesen ausgedehnten Tauchgängen versuchen sie sich besonders an den Golomjanka-Groppenfischen satt zu fressen. Die Golomjanka lebt in diesen Tiefenregionen und bewegt sich nur während der Nachtstunden an die Oberfläche. Im Volksmund heißt sie ›Ölfisch‹, weil sie bis zu 40 Prozent Fett im Gewebe hat. Die Körperfarbe ist hellrosa, verbunden mit einer halbtransparenten Körperoberfläche. Die Golomjanka ernähren sich von frei schwimmenden Kleinkrebsen. Schon den vor vielen Tausend Jahren hier siedelnden Kurikanen waren diese Fische sehr gut bekannt. Sie bildete die ökonomische Grundlage ihres Wohlstands. Das besondere Öl wurde bis weit in die Mongolei gehandelt. Durch Überfischung der Golomjanka zwang es die mongolisch-tungischen Völker auf der Suche nach neuen Ressouren zu Wanderungen.«

Die Robbenkolonie vor der Gebirgskulisse. Im Hintergrund ist noch der abziehende Morgennebel zu erkennen. Es kostet unendlich Zeit und Vorsicht, sich an die Kolonien heranzupirschen.

Beim Blick über den See sind auch noch in großen Tiefen die Marmorsteine im kristallklaren Wasser zu erkennen. Die beiden unbewohnten
Uschkaniinseln gehören zum Robbenparadies.

L – Vom Großen Uschkani schweift der Blick über die Marmorsteine zu einer der kleinen Uschkaniinseln. Im Hintergrund sind die Ausläufer des Bargusingebirges zu sehen.

R – Der Große Uschkani erhebt sich bis zu 160 Meter aus dem Baikal. In seinen Lärchenwäldern trifft man immer wieder auf riesige Ameisenhaufen.

BAIKALROBBEN
NUR FÜR VORSICHTIGE BEOBACHTER

Mit den letzten Sonnenstrahlen hatten wir am gestrigen Abend die steilen Felsformationen der Insel Olchon hinter uns gelassen. Nachts begleitete das monotone Geräusch des Schiffsdiesels unsere Träume. Unser Schiff folgte einer unterseeischen Gebirgskette. Aus dem tiefen Mittelbecken des Baikal türmt sich ein breites Unterwassermassiv auf. Einige Hundert Meter unter Wasser verbindet es Olchon mit den Uschkaniinseln. Beim ersten morgendlichen Blick durch das kleine Bullauge war vor der Silhouette der schneebedeckten Bergkette des Bargusingebirges eine der vier Uschkaniinseln zu sehen. Kompakt gestaffelt stehen die flachen Uschkaniinseln leicht versetzt nebeneinander. Eine Nebelwolke hatte sich auf das Bergplateau gelegt, aber der Nebel verzog sich, und nach und nach öffnete sich der Vorhang vor der Uschkanikulisse. Egal von welcher Seite der Blick über die Inseln steift, immer liegen schneebedeckte Bergketten im Hintergrund. Hunderte von Robben tummelten sich vor einer Steilküste des schlanken Uschkani. Ein idealer Liegeplatz für die Baikalrobben. Fast mitten im Baikal, geschützt vor den wenigen Fressfeinden und umgeben von einer gebirgsartigen Unterwasserlandschaft. Unser Schiff ging in der Nähe des großen Uschkani vor Anker. Vertreter der Wetterstation kamen mit einem kleinen Motorboot, um den »Inseleintritt« zu kassieren. Dann nahm unser Schiff Kurs auf die Robbeninsel. Wir ankerten auf der gegenüberliegenden Inselseite, um uns geräuschlos dem Beobachtungsplatz nähern zu können. Auf der kleinen Uschkaniinsel wurden wir von der wildromantischen, farbintensiven Natur sofort in den Bann gezogen. Wie ein roter Teppich bedecken die unzähligen Lärchennadeln den Waldboden. Zwischen den umgestürzten Bäumen sieht es irgendwie aufgeräumt aus. Die extrem hohe Population großer Ameisenhaufen (bis zu 20 pro Hektar) und deren fleißiger Bewohner sorgen für diese besondere Situation. Durch die völlige Abgeschiedenheit hat sich eine fast endemische Flora und Fauna gebildet.

Der schmale Wurzelweg führt einige Hundert Meter durch den dichten Mischwald direkt zum Beobachtungsplatz. Unmittelbar vor einem Steilhang ist eine Tarnwand aufgebaut, hinter der wir uns geräuschlos einen guten Aussichtsplatz suchen. Bei all unseren Bewegungen sind wir sehr vorsichtig, denn die Robben sind äußerst scheu. Ihr weitreichendes Gehör und die scharfen Augen sind überlebenswichtig. Im Nordbaikal ist die Robbenjagd in den Wintermonaten noch eingeschränkt gestattet. Besonders auf dem zugefrorenen Baikal wird mit Motorrad und Beiwagen gejagt. Der Steilküste vorgelagert sind einige kleine und große Felsen. Dicht nebeneinander liegen die Robben in den unterschiedlichsten Positionen auf den Felsen. Auf der Seite oder dem Rücken liegend, die Vorderfüße angelegt oder in der winkenden Haltung verharren sie bewegungslos mit teilweise geschlossenen Augen. Wir können beobachten, wie sich die Robben gegenseitig mit den vorderseitigen, fingerartigen Krallen kratzen.

Manchmal sieht es wie eine Streicheleinheit aus, aber dann wieder eher unfreundlich, als wolle ein Tier seinen Stammplatz einem anderen gegenüber verteidigen. Wir bringen unser Teleobjektiv in Ansatz und versuchen die faszinierenden Tiere formatfüllend auf das Bild zu bekommen. Dann passiert es: Bei einem kleinen Standortwechsel werden wir gehört. Die komplette Robbenkolonie gleitet ins Wasser und taucht ab. In stattlicher Entfernung sind nur noch die kleinen dunklen Köpfe zu sehen. Aber es dauert nicht lange und vorsichtig werden die begehrten Sonnenplätze wieder eingenommen. Mit ihrem plumpen, massigen Körper müssen sie sich dabei teilweise richtig mühen. Den Robben unter Wasser zu begegnen wäre unser großer Traum.

L – Der legendäre Elefantenfelsen, umringt von unzähligen Marmorgesteinen. Auf dieser Insel und in dem Wasser rundherum leben viele der nur am Baíkal vorkommenden Tierarten.

R – In unterschiedlichen Tiefen tauchen wir direkt an der Steilkante entlang. Nach einer Stunde im eiskalten Wasser wird es trotz unserer gut isolierenden Anzüge ungemütlich. Dann gibt es heißen Tee an Bord.

Auf dem Plateau in 12 m Tiefe ist das Wasser so kristallklar, dass man sich wie an Land vorkommt. Die traumhafte Weitsicht gibt dem Taucher ein schwereloses Raumgefühl.

L – Die Felsen türmen sich in mannigfaltigen Formen auf. In verschiedenen Tiefen liegen große Grotten, in die mit entsprechender Ausbildung und Ausrüstung getaucht werden kann.

R – Die Kleinkrebse sind die Ameisen des Baikal. In allen Wasserschichten sind bis zum Grund verschiedene Krebsarten in unterschiedlichen Populationen anzutreffen.

EIN SPRUNG
INS EISKALTE WASSER

Natürlich wollen auch wir uns diese reizvolle Landschaft unter Wasser ansehen. Der Kapitän hat einen Tauchplatz am großen Uschkani ausgewählt. Nicht weit von der Uferlinie verläuft die Steilkante. Bevor wir das Zeichen zum Sprung geben, überprüfen wir gegenseitig unsere Ausrüstung auf Vollständigkeit vergewissern uns, dass der Reisverschluss unseres Trockentauchanzugs dicht schließt. Dann springen wir von der Taucherplattform ins grünblaue Baikalwasser. Die Felsformationen sind im klaren Wasser gut sichtbar. In den lichtdurchfluteten Bereichen sind die Steine mit grünen Flechten bewachsen. Große aufeinander getürmte Steinbrocken bilden einen gewaltigen Abhang der schnell terrassenförmig in der Tiefe verschwindet. Die Steilwände und das klare Wasser haben eine magische Anziehungskraft in die Tiefe. Wir geben uns gegenseitig das OK-Zeichen, reduzieren langsam die Luft in unseren Jackets. Wie ein Fallschirmspringer fliegen wir schwerelos an den senkrechten Felsen vorbei. Je größer die Wassertransparenz, umso schneller geht der Bezug zur Tiefe verloren. Eben noch zeigte der Tiefenmesser 25 Meter und schon sind wir bei einer interessanten Formation in 40 Meter angekommen. Schemenhaft sehe ich die Steilwand in der abgrundlosen Tiefe verschwinden. Auf fast allen Plateaus an den extremen Abhängen, wachsen die bizarren Süßwasserschwämme. Sie bauen korallenartige Säulengebilde, die eine Höhe von mehreren Metern erreichen können. Wir tauchen in verschiedenen Tiefen an der Steilwand entlang. Nach ca. 60 Minuten ist die 15 Liter-Flasche noch immer nicht leer, aber die Wassertemperatur von 3,8 Grad Celsius macht sich unangenehm bemerkbar. Wir tauchen langsam auf und nicht weit von uns ist das Schiff schon vor Anker gegangen. Kochend heißer schwarzer Tee und süßes Gebäck heizen uns schnell wieder ein und vertreiben die Müdigkeit Nach kurzer Pause bringt uns das Zodiak auf den großen Uschkani. Mit seinen 216 Meter hohen Bergplateau ragt der große Uschkani am weitesten aus dem Baikal.

Direkt am Ufer laufen wir auf den seit über 25 Millionen Jahren vom Wasser bearbeiteten Steinen. Große Marmorbrocken liegen zwischen den kleinen vielfarbigen rund geschliffenen Steinen mit nahezu perfekten Eiformen. Fasziniert von dem Formenreichtum und den schillernden Farben sammeln wir in kürzester Zeit über 20 kg Steine. Manche zeigen smaragdgrüne Einschlüsse, die im Spiel der Wellen erstrahlen. Auf den großen weißen Steinen sind die Tausende Köcherfliegen gut zu sehen. Ein begehrter Leckerbissen für den Braunbären! Mit seiner großen Zunge nimmt er die Köcherfliegen genüsslich auf. Lästig sind die Fliegen eigentlich nicht, denn meistens krabbeln sie auf dem Boden.

An den hoch aufragenden Marmorfelsen wachsen rote Flechtenkolonien. Und nicht genug des Farbenspiels – in den Felsspalten zeigen sich, geschützt vor kaltem Wind, bunte Blumen, die nur hier endemisch vorkommen. Viel zu schnell war unser Fotomaterial zu Ende. Zurück an Bord, dreht der

Kapitän auf volle Fahrt in Richtung »Heilige Nase«. In der windgeschützten Schlangenbucht sollten wir die Nacht verbringen. Noch lang kreiste das Erlebte in unseren Köpfen. Der Abwechslungsreichtum dieser größtenteils unberührten Natur und die erlebbare Stille lassen eine einmalige Verbindung zwischen Mensch und Natur entstehen. Die Schönheit, die in ihrer Gesamtheit auf uns wirkt, erzeugt Gefühle, die wohl hinter dem Horizont unserer Empfindsamkeit liegen. Als Fotograf möchte ich erreichen, dass es mir gelingt, den inspirierenden Blick in ein lebendiges Bild umzusetzten.

L – Marmorgestein glänzt über und unter Wasser. Wunderbare Farbeffekte entstehen auf den glatt und rund geschliffenen Steinen. Wer würde hier nicht von Sammelleidenschaft gepackt!

R – Die scheuen Robben kann man nur gut getarnt aus stattlicher Entfernung mit einem Teleobjektiv fotografieren. Sie hören das leiseste Knacken eines Zweiges oder fliehen vor der kleinsten Bewegung.

BAI

DERS

K A L

Ü D E N

ULAN-UDE –
HAUPTSTADT BURJATIENS

Ljudmila: »Die Straße wurde besser, man sah öfter kleine Dörfer, und schon fuhren wir direkt nach Ulan-Ude, der Hauptstadt Burjatiens, hinein. Wir stiegen am Zentralplatz aus und betrachteten nachdenklich ein besonderes Denkmal des Revolutionsführers – ein gigantischer Lenin-Kopf, der nur bis zum Hals gefertigt war und etwas nach vorn gebeugt auf einem großen Betonsockel mitten auf dem Platz stand. Rings um den Platz standen schöne alte und neue Häuser, meist Hotels und Verwaltungsgebäude. Am besten gefiel uns das prächtig elegante Akademische Staatstheater der Oper und des Balletts. Wir mieteten uns in einem zentralen Hotel ein, und nach einer kurzen Verschnaufpause machten wir uns auf den Weg, die Stadt zu erkunden. Durch das alte Stadttor, das erhöht auf einem Hügel steht, bummelten wir hinunter in die Altstadt. Kleine Villen, schöne Holzhäuser mit Verzierungen, manchmal auch moderne Verkaufsvitrinen, harmonisch eingebunden in die Fassaden an der alten Straße. Sie ist inzwischen nur noch für Fußgänger erlaubt, mit vielen kleinen Geschäften, Restaurants, Cafés. In der Mitte der Straße sprudelte ein Springbrunnen, geschmückt mit nationalen burjatischen Ornamenten und Symbolen. Rings darum im Kreis vielfältige bunte Blumenbeete, dekorative Laternen, gemütliche Sitzbänke und eine ganz bunt gemischte Menschenmenge, die es sich hier in der Mittagssonne wohl sein ließ. Die Leute waren sehr modisch gekleidet, besonders die Frauen – ihre hohen Absätze klapperten auf dem Asphalt, Von allen Seiten stiegen uns leckere Gerüche der burjatischen Küche in die Nase: Posen, Belyaschi, Salamat und andere Köstlichkeiten. In dieser Straße liegen viele Juweliergeschäfte. Besonders beliebt ist der Juwelierladen für Silber, in dem es Originale von burjatischen Schmuckmeistern zu kaufen gibt. Natursteine, in weißes Silber gefasste, ließen mich nicht mehr los. Wir standen sehr lange, suchten aus, überlegten, konnten uns nicht entscheiden. Michael wollte mir Ohrringe schenken. Letzten Endes fanden wir Korallenohrringe, die ich sehr gern trage und die mich an die wunderschöne, märchenhafte Reise erinnern.«

Burjatische Kunst- und Schmuckgeschäfte sind die Attraktion der langen Fußgängerzone. Das breit gefächerte Angebot des filigran gearbeiteten Silber- und Goldschmucks lässt keine Wünsche offen.

Liebevoll restaurierte und gut erhaltene Kosakenhäuser lassen im
Zentrum das frühere Straßenbild lebendig werden. Kunstvolle Holz-
verkleidungen und hübsche Fensterläden schmücken die Fassaden.

L – Der Fluss Selenga ist der breiteste und wasserreichste aller Zuflüsse des Baikal. Tausende von Zugvögel machen hier Station. Das Delta ist Heimat für eine Vielzahl von Wasservögeln.

R – Ähnliche Vertiefungen in Steinen findet man überall in der Baikalregion. Waren sie in ferner Zeit Teil der Rituale? Noch heute findet man im rostbraunen Wasser Münzen und kleine Opfergaben.

DAS SELENGADELTA
EIN EINZIGARTIGES VOGELPARADIES

Früh am Morgen saßen wir in einem gemieteten Auto auf der Fahrt in Richtung des Flusses Selenga. Dieser Fluss bringt auf den über Tausend Kilometern seiner Reise durch die Mongolei über die Hälfte des Zuflusses in den Baikal und mit sich eine gewaltige Fracht an Sediment. Zahlreiche Sandbänke und ausgedehnte Sumpfgebiete sind entstanden. Im Laufe der Millionen von Jahren hat sich das Delta der Selenga über 15 Kilometer in den Baikal hinaus geschoben und damit eine Tiefe von mehr als 800 Metern aufgefüllt. An der Mündung verzweigt sich der Fluss in eine Wasserlandschaft mit einer Fläche von über 20 Quadratkilometern. Tausende von Inseln haben sich gebildet. Wir hielten an und genossen den Blick: Berge mit scharfen Felsspitzen umarmten das blühende Tal. Vom Aussichtspunkt bot sich unseren Augen eine fantastische Flusslandschaft. Die Wolken spiegelten sich in den unzähligen Wasserläufen. Das Bild erinnerte an die Form eines riesigen Baums mit seinen Wurzeln und weit verzweigten

Ästen. Jeden Augenblick änderte dieser Riese aus Flüssen, Bächen und kleinen Seen seine Färbung je nach den Lichtspielen am Himmel, dem Zug der Wolken und den Bewegung des Wassers, wenn der Wind die Oberflächen kräuselte. Im Winter friert die Selenga für fast ein halbes Jahr zu. Wenn im Mai das Eis bricht machen während der Frühlingsmigration am Delta 5-7 Millionen Vögel Halt, darunter viele Arten von Gänsen und Schwänen. Auch mehrere Adlerarten und Schwarzstörche sind jedes Jahr darunter. Das Selengadelta ist eines der vogelreichsten Gebiete in Sibirien – ein Eldorado für Zugvögel. Viele Vögel haben ihre Nester auf den Inselchen zwischen den Wasserstreifen. Die Luft vibriert von ihren Schreien. Allein 100 bis 120 Tausend Entennester sind hier zu finden. Nahrung gibt es für die ziehenden Gäste im Überfluss: kleine Krebse und Fische und viele Insekten. Viele Vögel sind standorttreu und ziehen in diesem Paradies ihre Jungen groß.

L – Das Azaganski-Kloster ist die letzte Residenz des Zanid Khambo Dorschiev – des Lehrers vom XIII. Dalai-Lama. Viele Buddhisten – besonders aus Tibet – besuchen regelmäßig diesen Ort.

R – Im Haus des Avagan Dorschiev befinden sich drei Wachsfiguren. Die Figur in der Mitte zeigt ihn selbst. Das Museum beherbergt ein umfassendes Fotoarchiv und verschiedene Reliquien.

EIN BUDDHISTISCHES KLOSTER
EIN DORF DER ALTGLÄUBIGEN

An einem Tag Tag stand eine Fahrt zum buddhistischen Iwolginski-Kloster auf dem Plan. Dieses Kloster war lange Zeit die Residenz der zentralen geistigen Verwaltung der Buddhisten in Russland und seines Hauptlamas Bandido-Khambo-Lama. Wir hatten Glück, denn in unserem Hotel wohnte auch eine deutsche Gruppe. Sie wollten zum Iwolginski- und Azaganski-Kloster und auf ihrer Exkursion waren noch zwei Plätze frei. Wir nahmen ihre Einladung sehr gerne an. Das Iwolginski-Kloster liegt 35 Kilometer von Ulan-Ude entfernt in einem üppigen Tal. Weihrauchgeruch empfing uns bei der Einfahrt auf das Gelände. Auf einem abgegrenzten Feld stehen weiter weg von den großen Gebäuden einige kleine Holzhäuschen. Dort leben die Mönche und Bediensteten. Bevor wir ins Kloster hineingingen, mussten wir, wie es vorgeschrieben ist, das gesamte Klostergelände auf dem Pfad der Sonne begehen und dabei Khurde, die Gebetstrommeln, drehen. In der Mitte des Klosters stand eine heilige Buddhastatue und darunter das Porträt und der Thron des XIV. Dalai-Lama. Weitere Sehenswürdigkeiten waren der heilige Baum des Bodha und die größte buddhistische Bibliothek Russlands, hauptsächlich in tibetischer Sprache. Der Bus brachte uns zum Azaganski-Kloster, der letzten Residenz vom Zagid-Khambo Dorschijew, des Lehrmeisters des XII. Dalai-Lama. Am Tor gab es einen Empfang auf burjatische Art: Wir wurden mit Milch begrüßt und jeder bekam einen dünnen Schal aus Naturseide geschenkt. Nachdem man uns das Kloster gezeigt und alle unsere Fragen beantwortet hatte, führte man uns in ein Holzhaus, wo kunstvoll geformte Wachsfiguren von Lamas standen, unter ihnen auch Agwan Dorschiew. Auch hier waren viele Dokumente und Fotos ausgestellt. Zum Abschluss veranstaltete man für uns ein Fest: Es wurde eine symbolische burjatische Hochzeit gefeiert, bei der ein Deutscher und eine Burjatin verheiratet wurden. Man bewirtete uns mit Gerichten der burjatischen Küche und einem Alkoholgetränk aus Milch.

Unser Ziel des nächsten Tages war das Dorf der russischen Altgläubigen. In der Mitte des 18. Jahrhunderts wurden etwa 20 000 Altgläubige nach Sibirien verbannt. Hier, in Burjatien, haben sie ihre ethnischen Siedlungen gegründet, ihren ursprünglichen Dialekt, den Glauben und die Bräuche beibehalten. Unsere Exkursionsführerin versprach uns, einen Besuch in eines dieser Dörfer, das den Namen Tarbagatai trägt, zu organisieren. Auf dem Weg trafen wir auf einen jungen Mann, mit dem wir zu einer kleinen Kirche fuhren. Dort kam uns ein Pfarrer der Altgläubigen entgegen. Seine hellblauen Augen schauten uns direkt und sicher an, er hatte eine schöne gerade Nase, eine hohe Stirn, eine gesunde Röte im Gesicht, einen langen schwarzen Bart, eine rüstige Figur, schnelle Bewegungen. Er lud uns in seine Kirche ein, wo er uns voller Stolz eine uralte handgeschriebene Bibel zeigte. Dann zeigte er uns das Museum. Der Pfarrer hatte eigenhändig das alte, zerstörte Gebäude restauriert und aus den Dörfern der Umgebung alle möglichen alten Sachen und Gebrauchsgegenstände gesammelt. Viele von ihnen sind Unikate. Sogar Knochen von Mammut und Nashorn hatte er selbst ausgegraben! All das wurde mit Liebe und Wissen im Museum ausgestellt. Später erzählte man uns, dass bei diesem Pfarrer im Garten Kartoffeln, Gemüse und Äpfel größer sind als bei allen anderen im Dorf und der Sohn einen Kopf höher als seine Altergenossen. Wenn man ihn fragt, warum das so sei, so antwortet er immer: »Gott hilft.«

Später wurde in einem großen Saal der Tisch reich mit Essen und Trinken für uns gedeckt. Frauen in altertümlichen Kleidern und Schmuck sangen und tanzten für uns. Nach dem Essen sangen und tanzten wir einfach mit ihnen zusammen. Es herrschte eine gemütliche und lustige Stimmung.

L – Stolz und voller Würde zeigt der Pfarrer der Altgläubigen die uralte handgeschriebene Bibel und die Ikonen. Er selbst steckt voller Energie und Tatkraft. Man kann sich seinem Bann kaum entziehen.

R – Eine Frau in der Tracht der Altgläubigen, dem Sarafan. Ihr ganzer Stolz ist der russische Kopfputz. Ihre prächtige Bernsteinkette zeigt ihren Wohlstand.

SLJUDJANKA –
DIE ALTE EISENBAHN

Ljudmila: »Es war gegen Ende des Sommers. Mein Vater, der im Eisenbahndepot arbeitete, lieh sich eine Draisine aus, um damit an der alten Eisenbahnstrecke entlangzufahren. Die Strecke war damals schon fast ganz stillgelegt. Am Tag fuhr nur eine einzige Bahn, die die Arbeiter von Port Baikal nach Hause brachte. Der Weg war frei und man konnte mit großer Geschwindigkeit fahren, ohne Angst haben zu müssen, auf ein anderes Fahrzeug zu treffen. Mein Vater war ein begeisterter Pilzsammler. Er kannte sich sehr gut aus und hatte seine eigenen, geheimen Rezepte, wie er sie einlegte und für den Winter aufbewahrte. Nie, nicht ein einziges Mal, kam er mit leerem Rückenkorb nach Hause. Seine Freunde, die mit leeren Händen dastanden, machten schon Witze: ›Pavel findet Pilze, wo keine wachsen.‹ Doch er verriet keinem seine Plätze. Manche seiner Lieblingsstellen lagen an der alten Eisenbahnstrecke. Jedes Mal fanden wir dort Steinpilze und Pfifferlinge. Mein Vater nahm mich oft mit. ›Du musst dich mit Pilzen sehr gut auskennen‹, meinte er, ›damit du später deine Familie nicht vergiftest.‹ Meistens fuhren wir mit der Draisine. Für mich war diese Fahrt das Tollste. Wie sehr liebte ich das! Ich stellte mir vor, ich wäre ein Vogel, der über den Baikal fliegt. Manchmal überwältigte mich die Begeisterung und selbstvergessen schrie ich meine Freude hinaus: ›Ura-a-a!!!‹, und voller Freude hallte es über den Baikal: ›Ra! Ra! Ra!‹ Vater ermunterte diesen ungezielten Emotionsausbruch in der Natur, lachte für sich in seinen Bart und fuhr extra noch ein bisschen schneller. Von Zeit zu Zeit rasten wir durch einen der vielen dunklen Tunnel und freuten uns jedes Mal bei der Ausfahrt über das strahlende Licht des Baikal. Wenn ich schließlich ganz erschöpft still war, fing mein Vater an zu singen. Er hatte eine gewaltige Opernstimme und sang sehr gut. ›Herrlicher Baikal‹, sang er, und sein tiefer Bariton hallte durch die großartige Landschaft. Am geheimen Versteck füllten wir schnell die Körbe mit Pilzen und fuhren dann singend nach Hause. Viele Jahre sind seitdem vergangen, viel Wasser ist durch den Baikal geflossen. Vater und Mutter leben nicht mehr und ich fahre jetzt wieder diesen Weg entlang.«

Am Eisenbahnknoten von Sljudjanka werden die Lokomotiven gewech-
selt. Alle Züge halten hier für etwa 15 Minuten. In dieser Zeit kann
man sich den Bahnhof anschauen und Omulfisch kaufen.

Ein Meisterwerk der Architektur: Zum Abschluss des Baus der alten
Baikal-Rundweg-Eisenbahnlinie wurde in Sljudjanka der einzige
Bahnhof der Welt ausschließlich aus weißem Marmor gebaut.

L – Oft lässt der Zugführer den Zug halten, damit sich die Passagiere die interessanten Tunnel- und Brückenkonstruktionen anschauen können. Wenn es weitergeht, lässt er einfach ein Signal ertönen.

R – Am Bahnhof von Sljudjanka bieten die Einwohner Omul direkt am Bahnhof an. Omul ist ein sehr fetter Baikalfisch mit einzigartigem Geschmack.

TUNNELS, BRÜCKEN, GALERIEN – ZUGFAHRT IN DIE VERGANGENHEIT

Wir saßen in der »Baikal-Rundweg-Bahn« und fuhren an den berühmten Tunnels, Brücken und Naturgalerien vorbei. Das Wetter war wunderschön: blauer Himmel, keine einzige Wolke, sattblauer Baikal. Große weiße Möwen fegten mit lautem Geschrei über das Wasser, durch die geöffneten Fenster strömte die frische Seeluft und brachte den Geruch des Wassers und der durchdringenden Frische, die nur dem Baikal eigen ist. Der Zug war brechend voll. Die Menschen lachten, redeten miteinander, fotografierten, jemand packte Brote aus. Hinter dem Fenster flimmerten der Baikal und die Berge. Auf der Strecke zwischen Kultuk und Port Baikal verläuft die Bahnlinie durch 39 Tunnels, über 6 mächtige Brücken und 16 frei stehende Galerien. Nirgendwo in Russland gibt es eine vergleichbare Zugstrecke. Als krönenden Abschluss der langen Bauarbeiten bekam Sljudianka einen Bahnhof aus reinem weißem Marmor. Die Bahn hielt häufig an, damit die Fahrgäste fotografieren konnten. Jeder Tunnel hatte seine

eigene Gestalt. Besonders grandios sahen die Brücken auf den hohen säulenartigen Füßen aus. An der Station Marituj gab es eine längere Pause. Wir streiften durch das Dorf. Auf den satten frischen Wiesen tummelten sich weiße, schwarze und bunte Hühner und stattliche orangefarbene Hähne. Die Luft war erfüllt von ihrem Geschrei und Gegacker. Eine alte Frau kam mit einem großen Topf auf den Bahnsteig. Der aromatische Duft frisch gebackener Piroggen stieg uns in die Nasen. Wir kauften eine und dann gleich noch zwei. Solche leckeren, knusprigen Piroggen hatte ich lange nicht mehr gegessen. Die Fahrgäste, angelockt von dem herrlichen Geruch, scharten sich um das Mütterlein, und nach 10 Minuten ging sie bedeutungsvoll mit leerem Topf und schwerer Tasche nach Hause. Viele Gäste machten es sich direkt am Baikalufer bequem und picknickten, die Kinder badeten. Dann gab der Lokführer ein Signal und die Menge strömte in die Waggons zurück.

Die Baikal-Rundweg-Eisenbahnlinie zählt zu den schönsten der Welt.
Was den Arbeitsaufwand und die Baukosten angeht, gibt es bei den
Eisenbahnen in Russland nichts Vergleichbares.

Auf den 85 Kilometern der Strecke Kultuk — Port Baikal führen die
Gleise über nicht weniger als 424 künstlich erbaute Steckenabschnitte,
darunter 39 Tunnel, 6 mächtige Brücken und 16 frei stehende Galerien.

L – Die Bewohner der Dörfer an der alten Rundweg-Eisenbahnlinie leben mit der Natur. Sie unterscheiden sich von den städtischen Einwohnern durch die gesunde Hautfarbe, viel Energie und Lebensfreude.

R – In den Augen dieser alten Dame strahlt das Baikallicht. Sie verbrachte ihr ganzes Leben in Kultuk am Ufer des großen Meeres. Ihr Gesicht zeigt Zuversicht und Würde.

SLJUDJANKA
REISE IN DIE KINDHEIT

In den frühen Morgenstunden erreichte unser Zug Sljudjanka, den Ort, in dem ich geboren wurde und meine Kindheit und Jugend verbracht habe. So früh am Morgen waren die Straßen menschenleer. Wir stiegen auf einen Felsen, der sich über den Ort erhebt. Die Menschen hier nennen den Felsen »Liebesfelsen«, und unter Verliebten gibt es den Brauch, sich hier zu treffen. Einst, in meinen jungen Jahren, in der Zeit der ersten Liebe, stieg auch ich mit einem blonden Jungen mit graublauen Augen auf diesen Felsen. Heute bin ich mit meinem Mann hier. Vom Felsen aus kann man den Ort gut überblicken. Uns bot sich eine herrliche Landschaft: hohe, mächtige Marmorberge, die von verschiedenen Baumarten wie von einem grünen Tuch bedeckt sind; der unglaublich tiefe Baikalsee, dessen Farbe sich ständig ändert – von einem dunklen Kobaltblau hin zu sehr zarten Perlmutttönen. Manchmal, wenn ein leichter Wind weht, kräuselt sich die Wasseroberfläche, und der Baikal funkelt silbrig glänzend

in der Sonne. Wenn sich der Wind legt, beruhigt sie sich wieder, und der Baikal fällt von einem einzigartigen Schimmer überzogen in einen tiefen Schlummer. In der Ferne sieht man das Dorf Kultuk – »Krähwinkel«. Es ist der südlichste Punkt, ein verstecktes Dörfchen am Baikal. Mein Vater stammt von dort, und meine Verwandten väterlicherseits wohnen bis heute in Kultuk. In dieser märchenhaften Umgebung lag mein Heimatort, er war lauschig in ein Tal, wie in eine Schale oder eine riesige Handfläche, eingebettet und umgeben von einem schimmernden, zarten Nebel. Es verbindet mich so viel mit diesem Ort. Wir setzten uns auf die Steine und beobachteten die langsam erwachende Stadt. Ich schloss die Augen, und alte Erinnerungen stürmten plötzlich auf meine Seele ein. Vor meinem inneren Auge huschten Bilder aus der Kindheit und Jugend vorbei. Bei manchen Bildern hielt ich inne, andere verschwanden schnell. Ich öffnete die Augen, und sah, wie zu meinen Füßen die Stadt fröhlich erwachte.

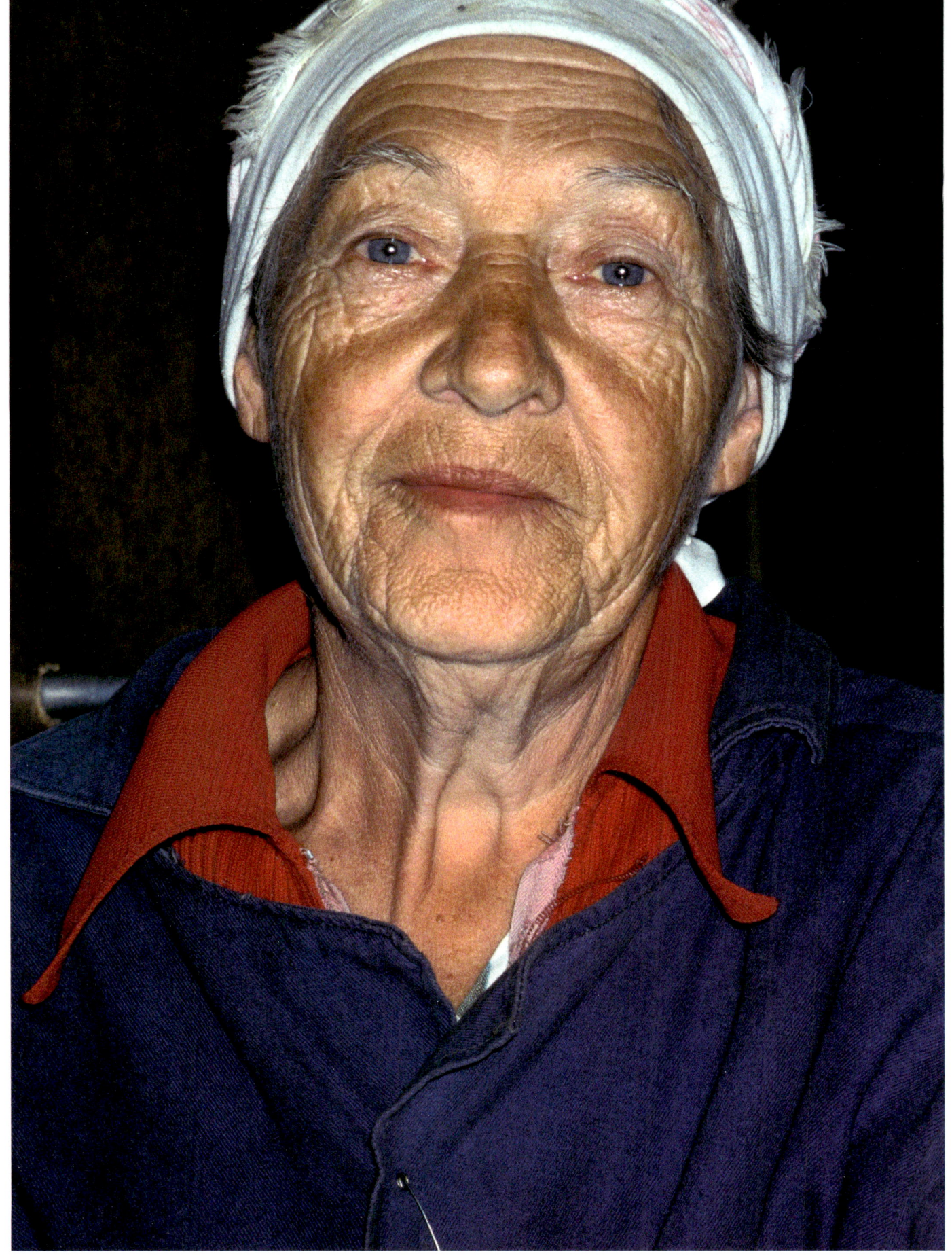

SLJUDJANKA – DIE ALTE EISENBAHN

L – Die endemische Blume Saranka ist ungewöhnlich grellrot und man kann sie von Weitem erkennen. Ihr süßer Duft lockt Bienen und andere Insekten an.

R – Anfang Juni gehen nur die Mutigsten im Baikal baden, denn das Wasser ist noch sehr kalt. Am Ufer wird ein Feuer errichtet, an dem man sich wärmen kann, wenn man aus dem Wasser kommt.

IM MAI –
DAS ERSTE BAD IM BAIKAL

Es war Ende Mai. Das Eis auf dem See war schon geschmolzen, doch das Wasser war noch bitterkalt. Trotzdem konnten wir Kinder es nicht mehr erwarten zu baden. Wir drängten und neckten einander, wer denn nun als Erster ins Wasser gehen sollte. Wir hatten viel Holz gesammelt, das nach dem Winter angespült worden war, und am Ufer ein großes Feuer entzündet. Ohne dieses Feuer wäre das Baden im eisigen Wasser undenkbar gewesen. Auf einmal beschlossen wir, uns alle zugleich ins Wasser zu wagen. Gesagt, getan. Unter lauten Hurraschreien ließen wir uns von einer kleinen hölzernen Anlegestelle ins Wasser fallen. Eine entsetzliche Kälte durchzuckte den Körper von Kopf bis Fuß, umklammerte einen mit eisernem, eiskaltem, unerbittlichem Griff. Der Körper zitterte und bebte. Unter Schreien und Lachen schwammen wir wieder ans Ufer zurück und rannten um die Wette zu unserem Feuer. Unsere Körper waren rot und blau. Zitternd und schlotternd drängten wir uns um die Glut, standen mal

mit dem Rücken, mal mit dem Gesicht zur Feuerstelle. Langsam legte sich das Zittern, die Gänsehaut verschwand und der Körper erwärmte sich von innen heraus. Eine unglaubliche Hitze durchströmte die Haut, sie glühte und rötete sich. Über dem Feuer hingen aufgereiht Fische zum Braten, die wir zuvor zwischen und unter den Steinen gefangen hatten. Es waren Groppen. Diese Fische liegen meist ruhig im Wasser und verstecken sich unter Steinen. Es sieht aus, als ob sie schlafen. Wir fingen diese Fische auf einfachste Weise. Wir banden eine Gabel an einen Stock, hoben vorsichtig einen Stein an und durchbohrten den Fisch. Dabei versuchten wir möglichst die Kiemen zu treffen. Die Handgriffe mussten schnell und präzise sein. Wir waren Meister darin, und nur wenigen Fischen gelang es zu entkommen. Die Fische hatten weißes Fleisch und schmeckten sehr zart. Unsere Eltern waren natürlich dagegen, dass wir zu dieser Jahreszeit badeten, aber wir waren selten krank und man verzieh uns.

L – Sicht auf Sljudjanka von der Schamanka-Halbinsel. Am Sandstrand erholen sich die Stadtbewohner, denn manchmal wird das Wasser hier richtig warm.

R – Die Schamanka-Halbinsel ist eine altertümliche Stelle, an der in der Vergangenheit schamanische Rituale durchgeführt wurden. Heute ist es ein Urlaubergebiet.

EIN GROSSES FEST
KINDERGEBURTSTAG IN SIBIRIEN

Ich erinnere mich noch gut daran, dass ich während meiner Kindheit und Jugend, als ich noch bei den Eltern wohnte, zusammen mit ihnen im Sommer oft in der Taiga an einem Lagerfeuer übernachtete. Sobald ich mich daran erinnere, werden das Rauschen der Blätter, der Geruch des Rauchs und des Lagerfeuers, die Lieder, das Lachen, die lustigen und seltsamen Lagerfeuergeschichten wieder lebendig, als wäre es gestern gewesen. Tagsüber waren wir damit beschäftigt, die Gaben der Taiga einzusammeln. Bei jedem Sibirier, der etwas auf sich hält, sind die Speisekammern für den Winter randvoll gefüllt. Man findet hier Fässchen mit eingelegtem Kohl, mit gesalzenen Gurken, Pilzen und Omulfisch. Es werden alle erdenklichen gesalzenen und marinierten Speisen, Marmeladen, Kirschen und wild gewachsener Knoblauch in Gläsern gelagert. Es wird abgehangenes, gefrorenes Fleisch vom Hammel, Schwein und Rind aufbewahrt. Im Keller liegen Mohrrüben, Rüben und Kartoffeln akkurat unter groben

Sand geschichtet. Mit all diesen Lebensmitteln deckt man sich im Sommer und Herbst nach und nach ein. Mein Vater pflegte oft zu sagen: »Wer im Herbst fleißig war, ist im Winter gut versorgt.« Die Sibirier sind sehr gastfreundlich. Dabei spielt der Anlass keine Rolle. Als ich ein kleines Mädchen war, nahm ich die Einladung meiner Geburtstagsgäste selbst in die Hand. Ich ging auf den Hof und lud meine Freunde und Freundinnen zur Geburtstagsfeier ein. Zu Hause erzählte ich meinen Eltern, dass in drei Stunden meine Gäste zu Besuch kommen würden. Mein Vater und meine Mutter schauten sich an: »Welche Gäste?« Ich antwortete, dass zehn meiner Freunde mit ihren Eltern kommen würden. »Wieso hast du uns denn nicht früher etwas davon gesagt?« Meine Eltern setzten sich vor Schreck erst einmal auf einen Stuhl. »Ich dachte, ihr wüsstet, dass ich Geburtstag feiere.« »Nun, was soll's, auf geht's, Mama, wir haben eine Geburtstagsfeier vorzubereiten«, sagte mein Vater.

Was dann auf einmal los war! Meine Mutter schoss wie ein Pfeil in die Küche und begann zu kochen und zu putzen. Mein Vater heizte den Ofen, lief in den Keller und holte Gläser mit eingelegten Pilzen, Kartoffeln, Zwiebeln, Knoblauch und Obst hervor; rannte dann zur Speisekammer und holte wieder Gläser mit eingelegtem Kohl, gesalzenen Pilzen, Gurken, Tomaten, Hammel-, Schweine- und Rindfleisch, gesalzenem Speck, Marmelade, Marinaden, selbst gemachtem Fruchtlikör und Omulfisch. Auf unserem russischen Ofen summte, kochte und briet es. Mein Vater schob den großen Tisch im Wohnzimmer zurecht und legte eine weiße Decke darauf. Mir wurde aufgetragen, mich zu waschen und festliche Kleidung anzuziehen. Kurz vor drei Uhr, bevor die ersten Gäste erschienen, war der Tisch mit Tellern gedeckt, auf denen sich alle möglichen selbst gemachten kalten Vorspeisen und Marinaden befanden. Alles, was man an Zutaten dafür brauchte, war entweder selbst im Garten herangezogen oder in der Taiga gesammelt worden. Alle Speisen auf dem Tisch waren sehr gesund und schmeckten wunderbar. Meine Eltern waren nun ebenfalls festlich gekleidet und liefen immer noch geschäftig in der Küche hin und her. Ich saß wie eine Prinzessin im Sessel. Punkt drei Uhr wurde zaghaft an der Tür geklopft. Mein erster kleiner Gast hielt sich mit der einen Hand an der Mutter fest und hatte in der anderen eine Puppe. Hinter ihnen sah man den etwas verlegenen Vater von einem Fuß auf den anderen treten, und dahinter standen meine anderen Gäste aufgereiht wie in einer Warteschlange. Meine Eltern begrüßten jeden herzlich. Die Kinder gaben mir ihre Geschenke, die Männer begrüßten sich, und die Frauen begannen meiner Mutter zu helfen. Mein Vater sprach einen Toast auf meinen Geburtstag aus und dankte den Gästen dafür, dass sie alle gekommen waren, um mir zu gratulieren. Lange danach noch erzählten und lachten wir darüber, wie ich zu meiner Feier gekommen und wie großartig das Essen gewesen war.

L – Unser Wunsch beim Abschied vom Baikal:› »Gib uns ein gutes Zeichen für unser Buch!« Kurze Zeit später sahen wir ein Gesicht im Wasser, das uns beobachtete.

R – Zwei Schatten am großen Stein im Baikalwasser – das sind wir: eine russische Malerin und ein deutscher Fotograf. Menschen verschwinden doch der Baikal bleibt für immer.

BAI

REISE

KAL

ZIELE

IRKUTSK –
DAS FENSTER ZUM OSTEN

Ljudmila: »Jedes Mal, wenn ich mit meinem Mann oder meinem Sohn nach Irkutsk komme, begrüßen wir zuallererst ›unser Irkutsk‹ – so nennen wir unsere Lieblingsplätze. Wir begrüßen die Stadt und die Angara, die Tochter des Baikal, trinken Tee und Kaffee in ›unseren Cafés‹, besuchen die Kunstgalerie und schauen uns die aktuelle Ausstellung an. Sibirien ist reich an bekannten Malern. In Irkutsk leben viele talentierte Künstler, wie z. B. Anatolj Kostowski, Wladimir Kusmin, Wladimir Tetenkin, Anatolj Rubzov u. a. – um nur die Großen der sibirischen Malerei zu nennen. Gemütlich bummeln wir gemeinsam die Hauptstraßen entlang und freuen uns wie immer, dass wir uns eigentlich fühlen, als wären wir in Sankt Petersburg. Wir biegen in eine kleine Seitenstraße, und ganz plötzlich ändert sich das Bild: Wir sind im alten Kaufmanns-Irkutsk. Wir lassen uns auf der großen Geschäftsstraße Urizkogo treiben und schauen uns die Schaufenster an. Die Menschen sehen anders aus als sonst in Sibirien. Besonders die topmodisch gekleideten jungen Frauen können problemlos mit denen in europäischen Hauptstädten wetteifern. Ohnehin beherrschen die jungen Leute das Straßenbild, denn Irkutsk ist eine Studentenstadt mit einer bekannten Universität. Hier setzen wir uns gemütlich in ein Café und beobachten durch die riesigen Fenster die bunte Menschenmenge, die geschäftig in alle Richtungen strömt. Anschließend gehen wir gleich um die Ecke zum Markt und stürzen uns in ein anderes Abenteuer: bunte Verkaufsstände und hektische Menschen – eine schier unvorstellbare Vielfalt an Angeboten. Allein die Fischabteilung! Michael bekommt jedes Mal weiche Knie. In ihrem Reichtum, der Farbigkeit und den appetitlichen Gerüchen übertrifft diese Abteilung alle anderen: Stör- und Lachsarten, geräuchert, gepökelt und gesalzen, roter und schwarzer Kaviar – alles zu Preisen, von denen Europa nur träumen kann. Michael muss immer zuerst alles fotografieren, aber dann fängt er an, auszuwählen. Mit vollen Taschen treten wir den Heimweg an. Jetzt nur nach Hause und die Leckereien zubereiten und probieren. Abends schlendern wir gemeinsam an die Angara, um die Sonne zu verabschieden. Wir sind wieder in Irkutsk!«

Der zentrale Markt von Irkutsk – eine unglaubliche Fülle und Farben-
pracht erfreuen Augen und Sinne. Hier gibt es einfach alles – Obst,
Gemüse, Fisch, Fleisch, Wurst, Milch und Käse, Tee und Süßigkeiten.

IRKUTSK – DAS FENSTER ZUM OSTEN

133

L – Die Altstadt von Irkutsk: Alte Holzhäuser, traditionell mit wunderschönen Ornamenten verziert, zaubern das Bild der früheren Stadt vor die Augen der Besucher.

R – Dieses liebevoll im alten Stil sanierte Kaufmannshaus ist ein schöner Blickfang. So müssen die Häuser von Irkutsk in der Gründer- und Blütezeit der Stadt ausgesehen haben.

IRKUTSK – EINE PULSIERENDE METROPOLE

Vor ungefähr 350 Jahren haben Kosaken am Fluss Irkut ihre erste Siedlung gegründet. Dies war die Geburtsstunde der Stadt Irkutsk und seitdem ist viel geschehen. Von Anfang an sollte diese Stadt das »Fenster zum Osten« öffnen – den Weg zum Stillen Ozean, nach Jakutien, Alaska, in die Mongolei, nach China und Fernost. Alle Karavanen- und Handelswege führten durch Irkutsk. Noch heute ist Irkutsk das administrative und kulturelle Zentrum für ganz Ostsibirien. Das heutige Irkutsk ist eine pulsierende moderne Stadt mit Geschäften und Restaurants, in denen man die Spezialitäten aus aller Herren Länder genießen kann, Cafés, in denen man wie am Potsdamer Platz jede Sorte von Kaffee bestellen kann, heiße Schokolade trinken und leckeres Gebäck essen. Die Supermärkte sind genauso voll wie in Europa, und der zentrale Markt übertrifft in seiner Auswahl und Vielfalt alle Vorstellungen. Die Stadt hat eine ganz eigene Ausstrahlung: Besonders attraktiv und mit keiner anderen Stadt vergleichbar ist das alte Irkutsk mit seiner einzigartigen Architektur. Aus alten, noch vorchristlichen Zeiten stammt die Tradition, die Häuser mit kunstvollen Holzornamenten auszuschmücken. Diese symbolischen Ornamente, mit denen die russischen Schnitzmeister ihre Häuser von oben bis unten verzierten, waren auch als Schutz gegen das Eindringen negativer Kräfte ins Hausinnere gedacht. Märchenhafte Turmhäuser und kunstvolle Tore schmückten ehemals die alte Stadt Irkutsk und begeisterten die Besucher. Leider sind viele dieser alten Holzhäuser mit der Zeit verkommen, und viele von ihnen werden heute abgerissen, um Platz für moderne Bauten zu schaffen. Ich erinnere mich an meine Studentenzeit, als ich mit Album und Bleistift alle möglichen alten Höfe und Häuser skizziert habe. Bis heute habe ich diese dicken Skizzenbücher mit Zeichnungen aufgehoben.

In dieser Stadt leben verschiedene Religionen friedlich nebeneinander – die russisch-orthodoxe und die römisch-katholische, die moslemische und die jüdische Kirche. Irkutsk ist berühmt für seine Kirchen und Kathedralen. In den schönsten alten, bis heute erhaltenen Gebäuden sind zahlreiche Theater, Konzertsäle, die Philharmonie und sogar ein Zirkus untergebracht. Viele verschiedene Museen finden sich hier: ein Kunst- und Heimatmuseum, ein historisches Museum und ein Naturkundemuseum – sie alle befinden sich in schönen alten Gebäuden. Überhaupt: Viele Musiker, Künstler, Schriftsteller, Dichter und Wissenschaftler stammen aus dieser Stadt. Die Irkutsker Architektur ist stark an das Vorbild von Sankt Petersburg angelehnt. Bei der Planung der Häuser an den Hauptstraßen waren Petersburger Architekten beteiligt. Aber diese Stadt hat auch eine andere Geschichte. Für die ganze Welt ist Sibirien auch als ein Ort der Zwangsarbeit und unerträglich kalter Winter bekannt. Nach Sibirien verbannt

wurden schon die Dekabristen und die polnischen Aufständischen, sogar Bolschewiken, und viele andere. Im 19. Jahrhundert waren in Sibirien von zwei Einwohnern einer ein Zwangsarbeiter. Die Verbannung der Intelligenz hatte einen großen Einfluss auf die kulturelle Entwicklung von Irkutsk. Der erste Tag unseres Aufenthalts in Irkutsk neigt sich dem Ende zu, morgen beginnt unsere Tour zum Baikal.

L – Die pulsierende Einkaufsstraße Urizkogo braucht den Vergleich mit Paris nicht zu scheuen. Bunt und modisch gekleidete Menschen flanieren hier, shoppen und ruhen sich in den zahlreichen Cafés aus.

R – Ein Schuhmacher. Wer Probleme mit seinen Schuhen hat, braucht nicht weit zu suchen. Zum denkbar günstigen Preis werden sie gleich auf der Straße fachkundig wieder in Ordnung gebracht.

Ein Haus wie aus einem Märchen: In diesem ungewöhnlichen Gebäude befindet sich das historische Stadtmuseum. Es liegt an einem
idyllischen Platz, direkt am Ufer der Angara.

Angara, die Tochter des Baikal, trägt schnell und stolz ihre Wasser
davon. Sie möchte ihren Verlobten Jenissej treffen. Besucher können
diesen Fluss mit dem Dampfer oder der »Raketa« bereisen.

TALZY –
LEBENDIGE VERGANGENHEIT

Ljudmila: »Auf dem Weg nach Listvjanka besuchten wir Talzy. In diesem Museumsdorf wird die bäuerliche Vergangenheit Sibiriens wieder lebendig, werden alte handwerkliche Traditionen gepflegt, kann man eintauchen in die Lebensweise der Menschen vor vielen Jahren. Es gibt hier seltene Architekturdenkmäler wie den Erlöserturm und die Kasankaja-Kapelle, die vor 300 Jahren aus Lärche ohne einen einzigen Eisennagel errichtet wurden. Die ersten Bauten wurden aus den überfluteten Gebieten des heutigen Ust-Ilimsk-Stausees hierhergebracht. Ilimsk ist das Heimatdorf meiner Mutter. Nach ihren Erzählungen waren meine Vorfahren dort angesiedelt. Vielleicht hat auch ein Haus, das jetzt unter vielen Häusern in Talzy steht, ihnen gehört. Ich fühle mich, als würde ich meine Verwandten besuchen. Die Häuser und Eingangstore waren mit kunstvollen Ornamenten geschmückt. Wir gingen in einen von vielen Höfen hinein. Der ganze Boden des Hofs war mit Holzstücken und -brettern ausgelegt. Zusammen mit Scheune, Badehaus, Ackerflächen ringsum und dem schönen Hauptgebäude mit seinen verzierten Fensterläden und dem Eingangsbereich bildete er eine harmonische Einheit. Wir staunten, wie wohldurchdacht und genial einfach die Räume eingerichtet waren. Drinnen im Haus war noch die ganze Einrichtung vorhanden: die alten Möbel, die hausgewebten Teppiche, der alte Kupfersamowar, Töpfe aus Gusseisen, Kleidung, alte Fotos und das Herzstück des Hauses – der alte russische Ofen mit Schlafplätzen im oberen Bereich. Das Notwendigste zum Leben und nichts Überflüssiges als Prinzip der bäuerlichen Lebensart. Besonders eindrucksvoll und herausgeputzt wirkt das Dorf bei Volksfesten. Die Menschen kleiden sich in ihre Nationaltrachten und feiern russische Ostern, Masleniza, Troiza, Neujahr usw. Oft finden hier verschiedene Festivals und Konzerte statt. Dann strömen die Menschen in Massen nach Talzy.«

Der Erlöserturm und die Kasanskajakapelle stammen aus der versunkenen Stadt Ust'-Ilimsk. Sie entstanden vor ca. 300 Jahren aus Lärchenholz und sind ohne einen einzigen Metallnagel gebaut.

Holz ist das wichtigste Baumaterial. Die Häuser sind einfach, aber perfekt durchdacht und praktisch. Auch der Innenhof ist mit Holzbrettern ausgelegt und bleibt so bei jedem Wetter sauber.

L – Schule in Sibirien: Hier drückten vor langer Zeit die Kinder die Schulbank. Dieses Klassenzimmer einer konfessionellen Schule ist vollständig erhalten. An der Wand hängt ein Bild des Zaren Nikolai II.

R – Eines der vielen Eingangstore. Die Kunst steckt im Detail. Diesen Verzierungen galt immer die größte Aufmerksamkeit. Sie wurden aufwendig und mit viel Liebe und Geschmack ausgeführt.

SPAZIERGANG IN DIE VERGANGENHEIT

Am Rande des Dorfes stehen die Kornspeicher und Wassermühlen. Die Dorfstraße ist erstaunlich breit, die Holzhäuser stehen sich in schnurgeraden Reihen gegenüber. An diesem Tag schimmerten sie golden im Sonnenschein. Im Zentrum des Dorfes, auf einem großen Marktplatz, werden traditionelle handwerkliche Erzeugnisse angeboten und Souvenirs verkauft.

Auf langen Holztischen glitzerten im Sonnenbad die sibirischen Edelsteine und daraus gefertigten Schmuckstücke. Gefäße aus Birkenrinde, Tongefäße, Spielzeug und viele andere Waren zeigten eine beeindruckende Auswahl. Wir bummelten durch die Reihen der Angebote und suchten uns kleine Dinge zum Mitbringen und natürlich auch zur Erinnerung für uns selbst aus. Die Keramikwerkstatt interessierte uns besonders. Der Töpfer in einem traditionellen, schön gewebten und bestickten Leinenhemd arbeitete gerade an der Scheibe und unter seinen Fingern wuchs ein Krug empor. In Talzi feh-

len auch die kleinen Museen nicht. Es gibt sogar ein Puppen-, Glas- und Kleidermuseum.

Wir verließen den Hauptort und schlenderten durch einen dichten Birkenwald. Hier war es feucht und kühl, es roch nach Erde, Gras und Moos. Von Weitem her war das gleichförmige Klopfen eines Spechts zu hören, andere Vögel sangen. Man hörte die Krähen schreien. Der Wald lebte sein Eigenleben wie seit Hunderten von Jahren, ohne auf uns Besucher zu achten. Die weißen Birken standen in Gruppen, als ob sie sich unterhielten und jede von ihnen auf ihren Bräutigam wartete.

Vorbei an einer kleinen Sommer- und Wintersiedlung der Evenken, einem kleinen Nomadenvolk, wanderten wir ans Ufer der Angara, dorthin, wo der Fluss besonders breit ist. Stolz und schnell fließt die Tochter des Baikal zum Treffen mit ihrem Geliebten, dem Fluss Jenissej.

Der Samowar ist aus dem russischen Haushalt nicht wegzudenken. Es gibt ihn in allen erdenklichen Formen und Größen. Oben steht immer eine kleine Kanne für den Teesud. Unten siedet das Wasser.

Das Haus ist von oben bis unten mit komplexen Ornamenten wie ein Schmuckkästchen verziert. Noch steht es in Irkutsk, doch bald soll es vielleicht in das Museumsdorf Talzy umgesiedelt werden.

LISTVJANKA –
EIN TAUCHABENTEUER

Michael: »Auf der gut ausgebauten Landstraße fahren wir zwischen Kiefern- und Birkenwäldern. Manchmal liegen an der Straße kleine Dörfer. Wir sind voll gespannter Vorfreude. Ein großes Abenteuer unserer Reise erwartet uns hier. Die bergige Landschaft wird sanfter, hügeliger. Dann endlich: der erste weite Blick über den Baikal. Wir können die Augen kaum mehr von dem glitzernden Blau der endlosen Wasserfläche abwenden. Listvjanka beginnt schon an der Angaramündung und zieht sich fünf Kilometer am Ufer des Baikal entlang. Wir fahren parallel zur Uferstraße. Zwischen Uferstreifen und Straße liegen die alten Holzhäuser neben den neuen gewaltigen Villen. Zwei kleine Täler ziehen sich einige Hundert Meter in das Hinterland. In den letzten Jahren hat sich Listvjanka explosionsartig zum touristischen Zentrum am Baikal entwickelt.

Gleich hinter der ersten Biegung befindet sich das sehenswerte Baikalmuseum. Hier kann eine große Sammlung der heimischen Pflanzen- und Tierwelt betrachtet werden. In den riesigen Aquarien leben die wichtigsten Fische und sogar Baikalrobben. Als einziges Museum weltweit ist dieses Baikalmuseum an ein natürliches Gewässer angeschlossen. Aus 400 Metern Tiefe direkt aus dem Baikal strömen täglich 500 Tonnen Wasser durch die Becken des Museums. 20 Fischarten werden gehalten, darunter Brassen, Hecht, Barsch, Plötze, Aalraute, Wels, Karpfen, Karausche, Omul, weiße und schwarze Äsche, Lenok, Stör, fünf Krustentierarten, drei Arten Schwämme und zwei Arten Muscheltiere kann der Besucher bewundern. In einem 37-Tonnen-Aquqarium leben Baikalrobben. Die Hauptattraktion ist das interaktive Programm ›Tauchboot‹. In einem Raum, der wie das Innere eines U-Boots gestaltet ist, kann man auf neun Bildschirmen, die hinter Bullaugen angebracht sind, an einem virtuellen Tauchgang bis in eine Tiefe von 1637 Metern teilnehmen. Während dieses ca. 25-minütigen ›virtuellen Tieftauchgangs‹ gleitet man entlang der steilen Felswände bis zum Grund des Baikal. Diese Filme zeigen Aufnahmen der Expedition von 1990/1991, die von dem bemannten Tiefseeapparat PAISIS aus unter der Leitung von Prof. Fialkov gemacht wurden. Die Aufnahmen zeigen, dass auf dem tiefen Grund des Baikal noch vielfältiges Leben existiert. Ich werde hier an einem Forschungstauchgang teilnehmen.«

Der Tauchapparat »Gamarus« ist mit neun Videokameras bestückt und wird von einem Taucher entlang der Felskanten gesteuert. Aufnahmen dieser Kameras sind auch im berühmten Baikalmuseum zu sehen.

Auf den lichtdurchfluteten Plateaus zwischen 10 bis 20 Metern Tiefe
wimmelt es nur so von Kleinlebewesen. Die unglaubliche Horizontal-
sicht gestattet einen weiten Panoramablick.

L – Eine der vielen Steilwände, die von kleinen Vorsprüngen unterbrochen werden. Der Blick verliert sich bis in mehrere Hundert Meter Tiefe. Nicht ungefährlich für Taucher, die davon magisch angezogen werden.

R – Der Blick durch das glasklare Wasser nach oben: Wie tief wir auch tauchten, immer konnten wir die Wasseroberfläche und unser Schiff oder Begleitboot im Gegenlicht schemenhaft erkennen.

TAUCHEN –
DER ERSTE VERSUCH

Schon an diesem Nachmittag werden wir Prof. Fialkov bei einem Tauchgang mit dem Tauchapparat »Gamarus« begleiten. Der weit ausladende Tauchapparat wird auf das Tauchschiff verladen. Ungefähr 100 Meter vom Ufer entfernt wird der Anker gesetzt. Die umfangreichen Vorbereitungen für den Tauchgang beginnen. Neun Videokameras werden in Boxen angebracht, vier auf jeder Bordseite und eine am Bug. Prof. Fialkov kontrolliert alles noch einmal genau und gibt dann das Zeichen. Der Tauchapparat wird über einen Kran ins Wasser gelassen. Gleichzeitig habe ich mich mit meiner Kamera an der Steilwand in ca. zehn Meter Tiefe in Position gebracht. Ein Taucher übernimmt jetzt das Tauchgerät, lässt die Halteleine los, öffnet die Klappe des Ballasttanks und startet den Tauchvorgang. Zuerst schwebt den Tauchapparat über dem flachen Boden bis über die Steilkante. Ich kann aus meiner Deckung hinter den Schwämmen gut beobachten, wie er in das tiefblaue freie Wasser schwebt. Langsam taucht er auf 10 bis 20 Meter ab und entfernt sich bis zur Sichtgrenze. Nach der 180°-Drehung steuert das Gerät auf die Steilwand zu und fährt mit der rechten und linken Bordseite verschiedene Manöver. Noch am selben Abend beladen wir gemeinsam unser Expeditionsschiff »Titow« im Hafen von Listvjanka. An Bord sind die sechsköpfige Stammbesatzung und fünf Biologen vom limnologischen Institut von Irkutsk und zwei russische Taucher. Sie werden an vielen Orten Proben aus den verschiedenen Tiefen entnehmen. Ich werde unter und über Wasser umfangreich fotografisch den Tauchgang dokumentieren. Zur Sicherheit begleitet ein Zodiak die aufsteigenden Luftblasen. Unsere 100-kg-Ausrüstung haben wir gut verstaut.
Das Schiff stampft im Dunkeln durch die Baikalwellen, und wir besprechen in der Messe, worauf besonders zu achten ist. Ich werde immer in Begleitung eines oder beider russischer Taucher einsteigen. Wir nehmen stets zwei komplette Ausrüstungen – für Weitwinkel und Makrobereich – mit ins Wasser.

Auf exponierten Plätzen wachsen bis 1,5 Meter hohe korallenartige Süßwasserschwämme. Ein idealer Lebensraum für unzählige Kleinkrebse, die nur im Baikal vorkommen.

Der gut gepanzerte Krebs (*Acanthogammarus victorii*) ist bis 150 Meter
Tiefe anzutreffen. Er sieht den arktischen Krebsen ähnlich. Sein bevor-
zugter Lebensraum sind die klaren eisigen Tiefen des Baikal.

Schon der Duft macht Appetit: Die Fischmärkte von Listvjanka
begrüßen die Besucher mit den verschiedensten Arten frisch
geräucherten Fischs. Ein Augenschmaus und ein Hochgenuss.

Im Hafen von Listvjanka gibt es viele private Jachten und Schiffe.
Der Tourismus hat Einzug gehalten. Es gibt genügend Übernachtungs-
möglichkeiten wie das Hotel Majak (»Leuchtturm«) im Hintergrund.

BOLSCHE KOTY – TAUCHGEBIETE

Michael: »Über eine große schräge Felsplatte gleiten wir tiefer. Vor uns eröffnet sich ein terrassenförmiger Abhang. In 25 Metern Tiefe beginnt unmittelbar vor uns die Steilkante in die unergründliche Schlucht. Mit einem festen Griff um das Kameragehäuse schwimmen wir in das freie Wasser und sehen in die magisch anziehende Tiefe. Gewaltige Steinmassen türmen sich aufeinander und sollen erst in 350 Metern Tiefe einen weiteren Vorsprung haben. Trotz der extremen Steilheit finden an vielen Stellen Schwämme einen Lebensraum. Das Gefühl ist beinahe unbeschreiblich. Das Sonnenlicht züngelt sich durch das transparente Baikalwasser und lässt schemenhaft Felsformationen bis in weite Tiefen erkennen. Das verführerische Tiefengefühl kommt auf, wir lassen Luft aus unseren Jackets, und die Steilkante zieht an uns vorbei. In 45 Metern Tiefe tauschen wir einen Blick und beschließen, an der 50-Meter-Marke zu stoppen. Noch einmal schaue ich hinunter in die dunklen Wassermassen und versuche Kontakt mit dem großen Wesen des Baikal aufzunehmen. Ich sehe einen undeutlichen Schatten in der Tiefe sich bewegen. Wirklichkeit oder Halluzination?
Ich schaue nach oben und sehe an der dunklen Steilwand unsere Luftblasen entlangperlen. Sogar aus dieser unglaublichen Tiefe kann ich durch das klare Wasser das Zodiak an der Wasseroberfläche erkennen. Langsam steigen wir den Luftblasen hinterher.
Beim Aufstieg entdecke ich an einem kleinen Überhang eine Schneckenkolonie von endemischen ›Hängenden Schnecken‹. Eine Schnecke stellt den Kontakt zur Felsunterkante her, und zwei bis drei weitere saugen sich am Häuschen der oberen Schnecke fest. Dicht nebeneinander hängen die perlmuttartig schimmernden Schneckenketten im Dunkel des Überhangs.
Nach einer Stunde wird das kalte Wasser am ganzen Körper unangenehm spürbar. Die kompromisslose Wassertemperatur herrscht hier bis zur Wasseroberfläche. Das angenehme Wahrnehmen der Sprungschicht, wie wir es in Deutschland kennen, bleibt im Baikal im Frühsommer aus. Eine heiße Suppe und ein Tee an Bord bringen wieder Leben in den Körper.«

Überall am Baikal – so auch hier in Bolsche Koty – spazieren die Kühe
frei durch die Dörfer und an den Ufern des Baikal. Sie sind sich selbst
überlassen und suchen sich ihre Futterplätze nach Belieben.

Viele kleine und große Flüsse und Bäche münden in den Baikal.
Dieses kleine Flüsschen kommt aus dem Gebirge und bringt ein
herrlich klares und eisig kaltes Wasser mit sich.

Unerwartete Farbenspiele in kalten Tiefen: Wie ausgelaufene Farbe
bedecken die Flechten und Grünalgen die Steinformationen. Sie sind
nicht weniger faszinierend als die Steine und Felsen über Wasser.

Untermieter: Diese Grünalgen haben sich einen Schwamm als Halt
ausgesucht. Viele unterschiedliche, bizarre Formen sind im Detail
zu entdecken.

L – Schamanen der Tiefe: Auch unter Wasser kann man auf Schamanenköpfe treffen. Dieser gewaltige Steinblock ist mit Grünalgen wunderbar bemalt und durch die Schwämme wirkt er nahezu vollkommen.

R – Igor und Juri waren meine erfahrenen Begleiter beim Tauchen. Unter Wasser klappte die Verständigung besser als über Wasser. Stets hatte einer der beiden eine weitere. Kameraausrüstung bei sich.

TAUCHEN ZU
SCHWÄMMEN UND SCHNECKEN

Noch etwas verschlafen und verspannt komme ich an Deck. Die Titow hat an der Hauptanlegestelle einen Liegeplatz für die Nacht gefunden hat. In diesem Ort wurde noch bis 1968 aus dem Kies vor der Mündung des Flusses Sennaja Gold abgebaut. 1996 und 1997 befand sich hier das Basislager des Unterwasserfilmteams von Jacques Cousteau. Am Ende des Ortes ist eine moderne Touristenanlage entstanden, zu der auch eine Tauchbasis gehört. Der gesamte Uferbereich um Bolsche Koty ist zum Tauchen sehr interessant und abwechslungsreich: Nach einem kurzen Flachbereich beginnt die Steilkante. Direkt dort geht das Schiff vor Anker. Wir Taucher machen uns fertig zum Einstieg. Igor wirft sich mit einer Vorwärtsrolle ins Wasser. Ich mache den bewährten Schritt nach vorn und der Baikal nimmt mich auf. Nur im Gesicht ist das 3,8 °C kalte Wasser wie Nadelstiche spürbar. Der Grund des glasklaren Baikal ist zum Greifen nah. Wir lassen uns langsam sinken und können dabei ca. 40 m über das Plateau blicken. Steine der unterschiedlichsten Formen und Größen bedecken seine Fläche. Manchmal liegen mehrere containergroße Felsbrocken nebeneinander. Überall haben sich die Süßwasserschwämme festgekrallt, die hier um Bolsche Koty in besonders großen Kolonien anzutreffen sind. Die Sonnenstrahlen flackern in schrägen Bündeln durch das grünblaue Wasser. Vom Grund ragen aus Süßwasserschwämmen in den verschiedensten Formen unzählige Spitzen empor. Die röhrenförmigen Verästelungen wachsen teilweise bis 1,5 Meter hoch. Gleich daneben verzweigt sich ein Schwammgebilde mit einem horizontalen Ausleger und kleinen vertikalen Armen. Der Boden ist mit einem grünen Flechtenteppich überzogen. Wie ausgelaufene grüne Farbe bedecken die Farbkleckse die steilen Felswände. Im Schein der Sonnenstrahlen leuchten sie in vielen verschiedenen Grüntönen. Überall zwischen den Schwammarmen und auf den Steinen wimmelt es von Kleinlebewesen. Schnecken, Kleinkrebse und Groppen haben ihre Reviere abgesteckt.

Kaum sind die Taucher an Bord, wird das Zodiak eingeholt und die Fahrt geht weiter. Ein weiterer interessanter Tauchplatz liegt direkt vor der wissenschaftlichen Station. Nur 35 Meter vom Ufer beginnt ein steiler, weit ausladender Canyon, der sich mit zunehmender Tiefe verjüngt und sich erst in 50 m Tiefe wieder öffnet.

Die »Titow« zieht eine Furche im spiegelglatten Baikal. Wir haben das Glück, diese seltene windstille Wetterlage zu erleben. Die Wasseroberfläche schimmert tiefblau, und beim Blick über die Reling in die Tiefe geht dieser unwirkliche Blauton unmerklich in ein silbriges Grau über. Die steilen Felswände bilden mit der Uferlinie ein sanft schwingendes, wellenförmiges Panorama zwischen 10 und 50 Meter Höhe. Teilweise sind die Felswände so steil und zerklüftet, dass man sich die kraftvollen Bewegungen beim Entstehen der gewaltigen Baikalfurche vor Jahrmillionen vorstellen kann. Nur selten gibt es am Ufer Möglichkeiten zum Siedeln. An

einer kleinen Bucht mit angrenzender Wiese und umgeben von steilen Bergen steht ein einsames Haus. Schafe laufen am Hang. Am Strand liegt ein Motorboot. Hier wohnt eine Familie in völliger Einsamkeit. Diese abwechslungsreiche Kulisse zieht über eine Stunde an uns vorbei. Von Weitem sehen wir die riesige flache Mündung der Goloustnoje. Ein baumloses Delta ist weiträumig von Bergketten umstanden. Im v-förmigen Tal mit dem Namen Bolsche Goloustnoje sind Siedlungen aus vielen Holzhäusern zu sehen. Im 20. Jahrhundert wurde hier großflächig Holz abgebaut. Auf langen Flößen transportierte man noch in den 80er-Jahren die Stämme über den Baikal. Nahe der Flussmündung in einem breiten Delta nehmen die Biologen einige Proben und danach geht die Fahrt gleich weiter Richtung Norden. Die Abendsonne streift die Kante der auseinanderstrebenden Wellen mit ihrem zarten Rot.

L – Über- und Unterwasserfotograf mit Digitalkamera. Um Bolsche Koty gibt es viele lohnenswerte Fotoobjekte unter Wasser. Getaucht wird aus wissenschaftlichem Interesse, aber auch einfach zum Spaß.

R – Tropfsteintiere: Meist in dunklen Vertiefungen sind diese »Hängenden Schnecken« anzutreffen. Manchmal kleben sie bis zu vier Gehäusen untereinander.

Die Artenvielfalt der Schnecken im Baikal ist einzigartig. 84 Arten sind bekannt, von denen allein 54 endemisch sind. Überall an und zwischen den Steinen kann man sie entdecken.

Ein »Ameisenhaufen« unter Wasser: Unzählige Kleinkrebse besiedeln diesen Fingerschwamm. Allerdings fehlt das emsige Gewimmel. Die Krebse verharren vorwiegend still an ihren Plätzen.

PESCANAJA –
DIE SCHÖNSTE SANDBUCHT

Ljudmila: »In dieser Bucht gilt das Gesetz der Sauna. Der heiße Sand erhitzt sich in der Sonne so stark, dass es manchmal unmöglich ist, mit bloßen Füßen zu gehen. Dafür erwärmt sich der Körper sofort, nachdem man im Baikal gebadet hat, vor Kälte am ganzen Körper zittert und sich danach mit großem Vergnügen in den heißen sauberen Sand wühlt. Wasser und Sand – immer im Wechsel – schaffen ein ungeheures Wohlgefühl. Ich als eingefleischte Sibirierin, am Ufer des Baikal geboren und aufgewachsen, kenne dieses Vergnügen noch aus meiner Kindheit.

Rasch ausgezogen, in das Wasser gesprungen und dabei einen markerschütternden Schrei ausstoßen! Ich tauche tief in den Baikal. Sofort umringen mich Tausende kleine Fische, ein riesiger Schwarm, die sich im flachen Wasser an der Sonne gewärmt hatten. Sie haben keine Angst, stupsen mich mit ihren kleinen Mäulern und verabreichen mir eine richtige Klopfmassage am ganzen Körper. Ich schwelge im Glück, ich fühle mich eins mit dem Wasser, der Erde, der Sonne, der Luft, den kleinen Fischen und allem Lebendigen und Pulsierenden, das mich umgibt, und verschmelze mit der Natur. Das Glücksgefühl ist unbeschreiblich. Ich kämpfe gegen die Kälte, liege genießerisch im Wasser, voller Angst, die kleinen zutraulichen Fische zu erschrecken. Doch die Kälte kriecht allmählich in alle Poren. Ich muss die Idylle stören und aus dem Wasser springen. Jetzt in den glühend heißen Sand eintauchen! In diesem Moment durchdringen tausend heiße Nadeln den Körper und ich vergehe vor Wärme und Wonne. Ich liege auf dem Rücken und mein Blick taucht in die Tiefe des endlosen blauen Himmels. Gemeinsam schwimme ich mit den Wolken durch die unendliche Weite des grenzenlosen Himmels und spiele dabei mit den Möwen Fangen.«

Die Kormoraneninsel. Lange war dieser Felsen nur von Kormoranen bewohnt, bis die Möwen sie verdrängt haben. Aber in letzter Zeit kehren die ursprünglichen Bewohner der Insel immer häufiger zurück.

L – Der Blick auf die »Große Glocke«. Die alte Erde wird von der Sonne erhitzt. Der Duft mischt sich mit den feuchten und frischen Gerüchen des Wassers. Ein unvergessliches Erlebnis.

R – Durchsichten: Durch das türkisblaue Wasser des Baikal lassen sich sogar aus großer Entfernung der Grund, der Sand und die Steine in der Tiefe gut erkennen.

DIE BUCHT DER WANDERNDEN BÄUME

Von »Bolschoje Goloustnoje« führte unsere Reise auf einem kleinen Motorschiff zur Bucht Pescanaja. Diese Bucht kann man nur über das Wasser erreichen. Die Möwen schrien durchdringend und beobachteten jede Bewegung auf dem Deck des Schiffs. Von Zeit zu Zeit erschien im Wasser der Kopf einer neugierigen Baikalrobbe. Mit riesigen, sanftmütigen und ein wenig traurigen Augen beobachtete sie uns aus der Ferne. Einst gab es an den Ufern des Baikal viel Wild, die Gewässer waren voller Fische und auf der Oberfläche schwamm eine große Zahl Seevögel – Schwäne, Gänse, Enten. Doch das änderte sich, als die Menschen begannen, die Baikalrobben zu jagen, um an ihr Fleisch als Nahrung und ihr Fell als Kleidung zu kommen. Und so verschwand das Seekalb in die Tiefe – fort von den Menschen. Wenn man sich und seinen Nachwuchs schützen will, muss man sich vor den Menschen vorsehen. Doch die Neugier ist manchmal stärker als die Angst. Die Robbe schaut aus dem Wasser und beobachtet uns.

Am Ufer fielen diese Felsen senkrecht ins Wasser ab. Kurz darauf wurde die Küstenlinie wieder sanfter. Die Landschaft nahm wieder ihre fließenden Linien an, die nach einiger Zeit wieder in fantastische Felsformen übergingen. Manchmal erinnerten die Formen der Felsen an Menschengestalten, an Tiere, an einen Vogel oder an eine Gruppe wundersamer Wesen. Plötzlich unterbrach lautes Vogelgeschrei und das Rauschen von zahllosen Flügeln meine Gedanken. Hunderte Vögel kreisten über der felsigen Insel. Sie hatten dort ihre Nester und ihre Jungen. Die riesige Menge der Möwen ließ die Insel wie einen gigantischen Ameisenhaufen aussehen. Die Luft war erfüllt von einer lauten Vogelsymphonie. Es summte, rauschte, schrie, krächzte, ächzte. Das war er also, der Kormoranfelsen! Früher einmal lebten hier die Kormorane. Und jetzt haben die Möwen Gefallen an der Insel gefunden. Fernab von jedem menschlichen Zugriff haben sie hier ein ideales Gebiet für die Aufzucht ihrer Jungen gefunden.

Die Bucht Pescanaja ist einer der schönsten Plätze am Baikal mit einem angenehmen Mikroklima, mit vielen sonnigen Tagen. Die mittlere Jahrestemperatur beträgt hier tatsächlich plus 0,4 Grad Celsius. Die Pescanaja ist berühmt für ihren halbovalen, wunderschönen Strand, der bis zu 750 Meter lang und bis zu 20 Meter breit ist. In der Bucht wachsen mächtige Kiefern und Lärchen bis hoch in den Himmel hinauf. Der ständige Wind bläst die Erde zwischen den Wurzeln fort, sodass man aufrecht dazwischen hindurchgehen kann. Diese Bäume werden »Wanderbäume« genannt, da die Winde sie unmerklich über den Sand verschieben. Die Pfade in der Bucht sind oft durch solche Wurzeln miteinander verschlungen, wie bei einem komplizierten Spitzenornament. Es ist ein seltsames Gefühl, wenn man von einer Wurzel auf die andere tritt, als ob man über Jahrhunderte läuft. Die Erde ist sonnenwarm und streichelt die Fußsohlen. In der Luft liegt der berauschende Duft des Grases, der Blumen, der Kiefernnadeln, vermischt mit dem Dunst und Geruch des kristallklaren Wassers. Jede Körperzelle spürt die Vereinigung mit der Natur. Hier neigt sich der Primorsker Felsrücken zum Baikal. An seinen Hängen treten zwischen den Bäumen Felsgruppen in charakteristischen Formen von Pfeilern oder Glocken hervor. Man kann sich nur über die Raffinesse und Fantasie der Natur wundern, die solche Meisterwerke schafft. Diese Granitfelsen haben eine glatte Oberfläche, die wirkt, als wäre sie liebevoll geschliffen. In der Nähe der Pfeilergruppe steht eine berühmte Zeder. Dieser Riese wuchs auf einem sehr großen Stein, den er von allen Seiten mit seinen mächtigen Wurzeln umfasst. Wind, Wetter, Stürme und die Zeit krümmten seinen Stamm und seine Zweige. Er wehrte sich und siegte! Diese Zeder heißt seit immer schon »Die Tapferkeit des Lebens«.

L – Ein Leben in Einsamkeit: Hier, im Haus des Fischers, kann man auch Fisch kaufen. Nur wenige Familien bewohnen diesen Ort ständig. Im Hintergrund versinkt die »Kleine Glocke« im milchigen Nebel.

R – Der Morgennebel legt sich wie ein seidenes Tuch um die »Kleine Glocke«. So wirkt sie noch geheimnisvoller. Durch den Nebel werden einige Steinfiguren kann man dennoch einige Steinfiguren sehen.

Viele Figuren, wie diese »Steinerne Großmutter«, lassen sich in der Bucht entdecken. Sie wurden von der Natur oder von alten Zivilisationen erschaffen. Sie stehen häufig dem Baikal zugewandt.

Tag für Tag bläst der Wind den Sand unter dieser Strandkiefer weg.
Ein Erwachsener passt leicht zwischen die frei stehenden Wurzeln.
Es sieht aus, als ob sich die Bäume auf ihren Wurzeln fortbewegen.

Das Werk eines unbekannten Künstlers: Unzählige Steinfiguren kann man auf der »Kleinen Glocke« entdecken. »Gnom und Gesicht eines Riesen« haben wir diese Figur genannt. Wer hat sie erschaffen?

Der »Baum der Tapferkeit«: Unverdrossen umklammert diese Zeder
den Felsen mit ihren mächtigen Wurzeln. Nicht die Zeit, nicht die
Naturgewalten, kein Wind, Schnee oder Regen konnten sie brechen.

L – Ein Ritualstein? Dieser gigantische Findling thront auf der »Aussichtsklippe«. Seine ovalen Formen haben eine relativ glatte Oberfläche und er selbst ist auffällig in mehrere Teile gegliedert.

R – Ein riesiges Gesicht ruht auf diesem steinernen Thron. Der Blick ist in die Unendlichkeit des Himmels gerichtet. Gottheit? Priester? Häuptling eines alten Volkes? Wir können darüber nur spekulieren.

WEITES PANORAMA
UND MAGISCHE ORTE

Die Klippengruppe des Primorski-Bergrückens erinnert vom Schiff aus an die Ruinen einer uralten Stadt. Wir wanderten auf einem schmalen Pfad zu einer exponierten Klippe weit oben. Rings um diese Klippe fanden wir Felsen mit ungewöhnlichen Formen: ein gigantischer glatter Stein aus drei dicht aneinander gepressten Teilen und daneben ein großer Fels, der einst kugelförmig gewesen sein muss. Als wir auf den riesigen Stein kletterten, entdeckten wir sieben runde Vertiefungen, die mit Wasser, Münzen und Abzeichen gefüllt waren – Gaben der Besucher an die Geister dieses Ortes. Das Panorama raubte uns den Atem – die gesamte Bucht mit allen Stränden, Glockenklippen und sogar der Primorski-Bergrücken bis zum Horizont entfalteten sich vor unseren Augen. Der große, tiefblaue Baikal bis zum gegenüber liegenden Ufer, wo die weißen Bergspitzen den Himmel berührten. Lange konnten wir uns von dieser herrlichen Aussicht nicht trennen. Etwas abseits erreichten wir einen weiten Platz. Mehrere Steine wie Säulen, mit abgerundeter, kuppelförmiger Spitze waren hier auf einer Fläche gruppiert. Als wir genauer hinschauten, sahen wir bei allen Steinen am Sockel einen klaren horizontalen Schnitt, wie von einer großen Säge. Eine Steingruppe umschloss einen weiten Raum, zu dem man nur schwer durch einen engen Spalt Zutritt fand. Ein riesiger Fels – auch er mit diesem auffälligen, horiziontalen Schnitt an seinem Sockel - schloss den Raum ab. Er erinnerte an einen riesigen Sarkophag. Hier war es erstaunlich warm. Als wir diesen magischen Ort schließlich verließen, wandte ich mich noch einmal um: Auf dem Felsblock liegt ein riesiger Kopf, das Gesicht nach oben gerichtet mit Blick in den unendlichen Himmel. Wir sind beide überzeugt, das diese Region noch Vieles über uralte Zivilisationen zu erzählen weiß.

Dieser gigantische Findling ruht auf einem Aussichtsfelsen, von dem aus der Blick weit über ein grandioses Panorama schweift. Sieben rundliche Öffnungen auf seiner Oberseite sind mit Wasser gefüllt.

Von jeder Seite zeigt der »Glockenturm« verschiedenen Gesichter.
Deutlich sind steinerne Gestalten zu erkennen. Sind sie wirklich nur
durch eine Laune der Natur entstanden?

Das Sonnenbad: Hunderttausende Kleinfische wärmen sich im flachen Wasser der Bucht auf. Wir hatten großes Glück, das zu erleben, denn dieses Naturschauspiel ist selten.

Die Fischchen umkreisen Ljudmila, saugen und picken sacht an ihrem Körper. Ein Genuss, für den sie standhaft im eiskalten Wasser ausharrt. Nur Hartgesottene trauen sich hier zum Baden in den Baikal.

Wie auf einer Harfe spielt der Wind in den Ästen der Bäume. Wenn wir zur Ruhe kommen, können auch wir die Botschaft des Baikal hören:„Ich bin die Quelle, das Buch vom Kosmos. Bewahrt mich. Ich kann euch Wissen und Wahrheit weitergeben."

KOSMOS.
Einfach gute Unterwasserfotos.

Tipps aus der Praxis

Die digitale Unterwasserfotografie befindet sich auf einem Siegeszug ohnegleichen. Digitale Kompaktkameras sind immer leichter zu handhaben und passende Gehäuse immer kostengünstiger. Mit den Tipps von Herbert Frei gelingen schon Einsteigern wirklich gute Bilder und auch der Profi kann noch von ihm lernen. Extra: Einsatz von Lampen und Blitzgeräten.

Herbert Frei | Digitale Unterwasserfotografie – Kompaktkameras
224 Seiten, 158 Fotos, €/D 19,95
ISBN 978-3-440-11860-3

Faszinierende Bildeffekte

Mit digitalen Spiegelreflexkameras lassen sich besonders unter Wasser hervorragende Effekte erzielen. Der richtige Einsatz spezieller Objektive und eine gekonnte Beleuchtung ermöglichen einzigartige Aufnahmen der faszinierenden Unterwasserwelt. Verständlich: Technische Grundlagen und Besonderheiten der Unterwasserfotografie. Extra: Profitipps zur attraktiven Bildgestaltung.

Herbert Frei | Digitale Unterwasserfotografie – Spiegelreflexkameras
232 Seiten, 211 Abbildungen, €/D 19,95
ISBN 978-3-440-10811-6

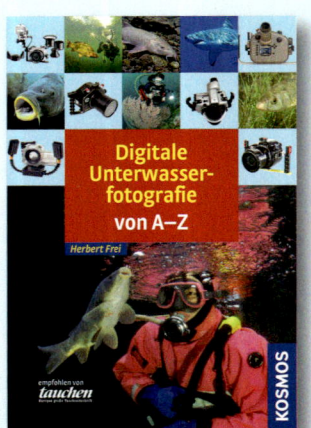

Neue Technik – Neue Begriffe

Alphabetisch geordnet, schnell zu finden, verständlich erklärt: das erste Lexikon zur Unterwasserfotografie. Die 500 wichtigsten Begriffe, die man kennen muss, um mit einer neuen Technik unter Wasser erfolgreich zu fotografieren. Produktfotos, Tabellen und natürlich auch Beispielfotos geben rasche Antwort auf (fast) alle Fragen.

Herbert Frei | Digitale Unterwasserfotografie von A–Z
240 Seiten, 146 Abbildungen, €/D 19,95
ISBN 978-3-440-11128-4

Preisänderung vorbehalten

www.kosmos.de/tauchen

Alle Fotos von Michael Feierabend bis auf die Fotos auf den Seiten
11, 14,16, 30, 42, 43, 84, 121, 123, 148, 170, 181, 183 von Ljudmila Feierabend-Perednewa,
auf den Seiten 19, 24/25, 32, 35, 36, 37, 45, 54, 55, 56, 57, 58/59, 60, 61, 74, 76, 77, 78,
79, 80, 81, 82, 83, 100/101, 130, 143, 145, 147 von Pavel Feierabend-Perednew und auf
den Seiten 18, 20, 23 von Alexandr Kniasew.

Umschlaggestaltung von Populärgrafik Stuttgart
unter Verwendung eines Fotos von Michael Feierabend

Mit 160 Farbfotos.

Trotz sorgfältiger Prüfung und Recherche sind alle Angaben in diesem Buch
ohne Gewähr. Die Planung und Durchführung der Tauchgänge liegen allein in der
Verantwortung der Taucher selbst. Eine Garantie oder Haftung der Autoren, des
KOSMOS-Verlags oder von ihm beauftragter Personen sind ausgeschlossen.

Wir wollen an dieser Stelle unserem Sohn Pavel für die große Hilfe beim Erstellen
des Fotomaterials und seine Weiterverarbeitung für dieses Buch bedanken. Alle
Überwasser-Panoramen, die Bilder im Kapitel „Bargusintal" und viele andere Fotos
sind von ihm.

Unser gesamtes lieferbares Programm und viele
weitere Informationen zu unseren Büchern
Spielen, Experimentierkästen, DVDs, Autoren und
Aktivitäten finden Sie unter **www.kosmos.de**

Gedruckt auf chlorfrei gebleichtem Papier

© 2009, Franckh-Kosmos Verlags-GmbH & Co. KG, Stuttgart.
Alle Rechte vorbehalten
ISBN 978-3-440-11732-3
Redaktion: Monika Weymann
Layout und Satz: Populärgrafik Stuttgart
Produktion: Eva Schmidt
Printed in Germany / Imprimé en Allemagne